U0840370

〔清〕汪紱 撰

山海経存

第二册

中華書局

山海經存

〔清〕汪紱 撰

第二冊

中華書局

山海經存卷之三

烏程盧蓧辰子純
婺源汪　紱雙池釋
後學　同邑程夢元瓞園
同邑戴　彭景鈞　同校字
同邑余家鼎彝伯

北山經第三

北山經之首曰單狐之山多机木其上多華草逢水出焉而西流注於泑水其中多茈石文石　机音飢逢音逢此西北之山近崇吾長沙二山北者也机木似榆其灰宜以糞田泑水即長沙山泚水所注之泑水是也

又北二百五十里曰求如之山其上多銅其下多玉無草

木滑水出焉而西流注於諸毗之水　前不周山北望諸毗此滑水注於諸毗之水是求如山在不周山之東也　其中多滑魚其狀如鱓赤背其音如梧食之已疣　鱓音善梧音午疣音尤鱓魚似蛇音如梧其音如人相枝梧也　其中多水馬其狀如馬文臂牛尾其音如呼　漢武帝元狩四年得天馬於燉煌之渥洼水中案黑水經燉煌西流此滑字與渥洼字音相近殆即此水中也

又北三百里曰帶山其上多玉其下多青碧有獸焉其狀如馬一角有錯其名曰䑏疏可以辟火有鳥焉其狀如烏五采而赤文名曰鵸䳜是自為牝牡食之不疽彭水出焉而西流注於芘湖之水其中多儵魚其狀如雞而赤毛三尾六足四首其音如鵲食之可以已憂　錯一作厝䑏音歡鵸音欺䳜音餘儵

音由一角有錯言其角有甲如錯

又北四百里曰譙明之山譙水出焉西流注於河黑水熾煌而北與河遠不相涉矣而此以下言注於河者凡五且此當已在河西而又每曰西流注河此皆不可曉其中多何羅之魚一首而十身其音如吠犬食之已癰一首十身蓋其形如肺然也有獸焉其狀如貆而赤豪其音如榴榴名曰孟槐可以禦凶榴榴當是貓貓禦凶辟不祥也是山也無草木多青雄黃

又北三百五十里曰涿光之山嚻水出焉西流注於河其中多鰼鰼之魚其狀如鵲而十翼鱗皆在羽端其音如鵲可以禦火食之已癉鰼音褶癉熱瘧疾其上多松柏其下多椶橿其獸多麢羊其鳥多蕃蕃鴞也

又北三百八十里曰虢山其上多漆其下多桐椐桐梧桐花桐岡桐椐樻也腫節宜杖其陽多玉其陰多鐵伊水出焉西流注於河西域有伊州近蒲昌海然其水不得入河其獸多橐駝橐駝似胡羊高大有肉鞍謂之駝峯蹄如囊橐足有三節力負千斤行流沙中日可三百里知泉脈所在嗜鹹西北方甘肅及番中多有其鳥多寓狀如鼠而鳥翼其音如羊可以禦兵

又北四百里至於虢山之尾此曰虢山之尾則綿亘四百里皆虢山也其上多玉而無石魚水出焉西流注於河其中多文貝

又北二百里曰丹熏之山其上多樗柏其草多韭䪥䪥似韭而大葉如蒜多丹雘熏水出焉而西流注於棠水有獸焉其狀如鼠而兔首麋身其音如獋犬以其尾飛獋音毫尾或作髯名曰耳

鼠食之不䏿又可以禦百毒（䏿音采䏿大腹病）

又北二百八十里曰石者之山其上無草木多瑤碧泚水出焉而西流注於河有獸焉其狀如豹而文題白身名曰孟極是善伏其鳴自呼（題額也伏藏也）

又北百一十里曰邊春之山多蔥葵韭桃李（邊春之山一作春山春蔥音近此似即蔥嶺也）杠水出焉而西流注於泑澤（蔥嶺之北與蒲昌海為近）有獸焉其狀如禺而文身善笑見人則臥名曰幽鴳其鳴自呼（幽鴳或作嬻嬒鴳音遏見人則臥佯死也）

又北二百里曰蔓聯之山其上無草木有獸焉其狀如禺而有鬣牛尾文臂馬蹄見人則呼名曰足訾其鳴自呼有

鳥焉羣居而朋飛其毛如雌雉名曰鵁其鳴自呼食之已風（鵁或作渴）

又北百八十里曰單張之山其上無草木有獸焉其狀如豹而長尾人首而牛耳一目名曰諸犍善吒行則銜其尾居則蟠其尾（犍音健）有鳥焉其狀如雉而文首白翼黃足名曰白鵺食之已嗌痛可以已痸（鵺音夜嗌音隘痸音掣白鵺白鷳之類嗌咽也痸癡病也）櫟水出焉而南流注於杠水（即春山之杠水也）

又北三百二十里曰灌題之山其上多樗柘其下多流沙多砥有獸焉其狀如牛而白尾其音如訆名曰那父有鳥焉其狀如雌雉而人面見人則躍名曰竦斯其鳴自呼也

匠韓之水出焉而西流注於泑澤其中多磁石（磁石吸鐵之石也）

又北二百里曰潘侯之山其上多松柏其下多榛楛（楛音戶楛赤荆也）其陽多玉其陰多鐵有獸焉其狀如牛而四節生毛名曰旄牛（已見前今川西羌中及西域諸蕃皆產之）邊水出焉而南流注於懷澤（懷一作櫰）

又北二百三十里曰小咸之山無草木冬夏有雪

又北二百八十里曰大咸之山無草木其下多玉是山也四方不可以上有蛇名曰長蛇其毛如彘豪其音如鼓柝（舊說其長百尋案蝮蛇色如文綬其文間有毫如豬毫此其類也柝夜行所擊梆也常山亦有長蛇形與此異）

又北三百二十里曰敦薨之山其上多椶枏其下多茈草（紫草如蘭而赤可染西北人取其汁為臙脂疑此山即匈奴之燕支山也今在山丹西北）敦薨之水出焉而西流注於泑澤出於崑崙之東北隅實惟河源（前不周山言西望泑澤河水所潛詳此文則謂眾川注於泑澤乃潛流地下而復出於崑崙之東北隅此泑澤實河之源也說與張騫說畧同而崑崙之卯為指肅州南山言明矣）其中多赤鮭（鮭音圭又音哇鮭鯸鮐也今名河豚善鼓氣有毒）其獸多兕旄牛（旄一作犦）其鳥多鳲鳩（布穀也）

又北二百里曰少咸之山無草木多青碧有獸焉其狀如牛而赤身人面馬足名曰窫窳其音如嬰兒是食人（窫音軋窳音愈爾雅云窫窳似貙而虎爪未知孰是）敦水出焉東流注於鴈門之水（此西北方別一鴈門非山西之鴈門也又東北亦有鴈門）其中多䰼䰼之魚食之殺人（䰼音沛䰼䰼未詳其狀）

又北二百里曰獄法之山瀤澤之水出焉而東北流注於泰澤（瀤音壞此非邊水所注之懷澤）其中多鱳魚其狀如鯉而雞足食之已疣（鱳音藻）有獸焉其狀如犬而人面善投見人則笑其名曰山㺯其行如風見則天下大風（㺯音暉）

又北二百里曰北嶽之山多枳棘剛木（此非恆山北嶽）有獸焉其狀如牛而四角人目彘耳其名曰諸懷其音如鳴雁是食人諸懷之水出焉而西流注於囂水其中多鮨魚魚身而犬首其音如嬰兒（今海中有虎魚鹿魚牛魚海豨皆以其首似之也）食之已狂（鮨音詣）

又北百八十里曰渾夕之山無草木多銅玉囂水出焉而西北流注於海（沙漠以北乃多北流之水）有蛇一首兩身名曰肥遺見則其國大旱（管子曰涸水之精名曰蟡一頭而兩身其狀如蛇長八尺以其名呼之可使取魚鼈亦此類也蓋蟡字即肥遺二字合音也遺字本音位）

又北五十里曰北單之山無草木多葱韭

又北百里曰羆差之山無草木多馬

又北百八十里曰北鮮之山是多馬鮮水出焉而西北流注於涂吾之水（漢武帝元狩二年馬出涂吾水中然未詳其地所在）

又北百七十里曰隄山（隄或作陡）多馬有獸焉其狀如豹而文首名曰狕（狕音幺）隄水出焉而東流注於泰澤其中多龍龜

凡北山經之首自單狐之山至於隄山凡二十五山五千

四百九十里大約皆甯夏以北之山自單狐至敦薨十七山並西山而西自少咸至隄山八山則並北而東者之山也其神皆人面蛇身其祠之毛用一雄雞彘瘞吉玉用一珪瘞而不糈但埋牲玉而不用米其山北人皆生食不火之物一作皆生食而不火此北山之西一條也

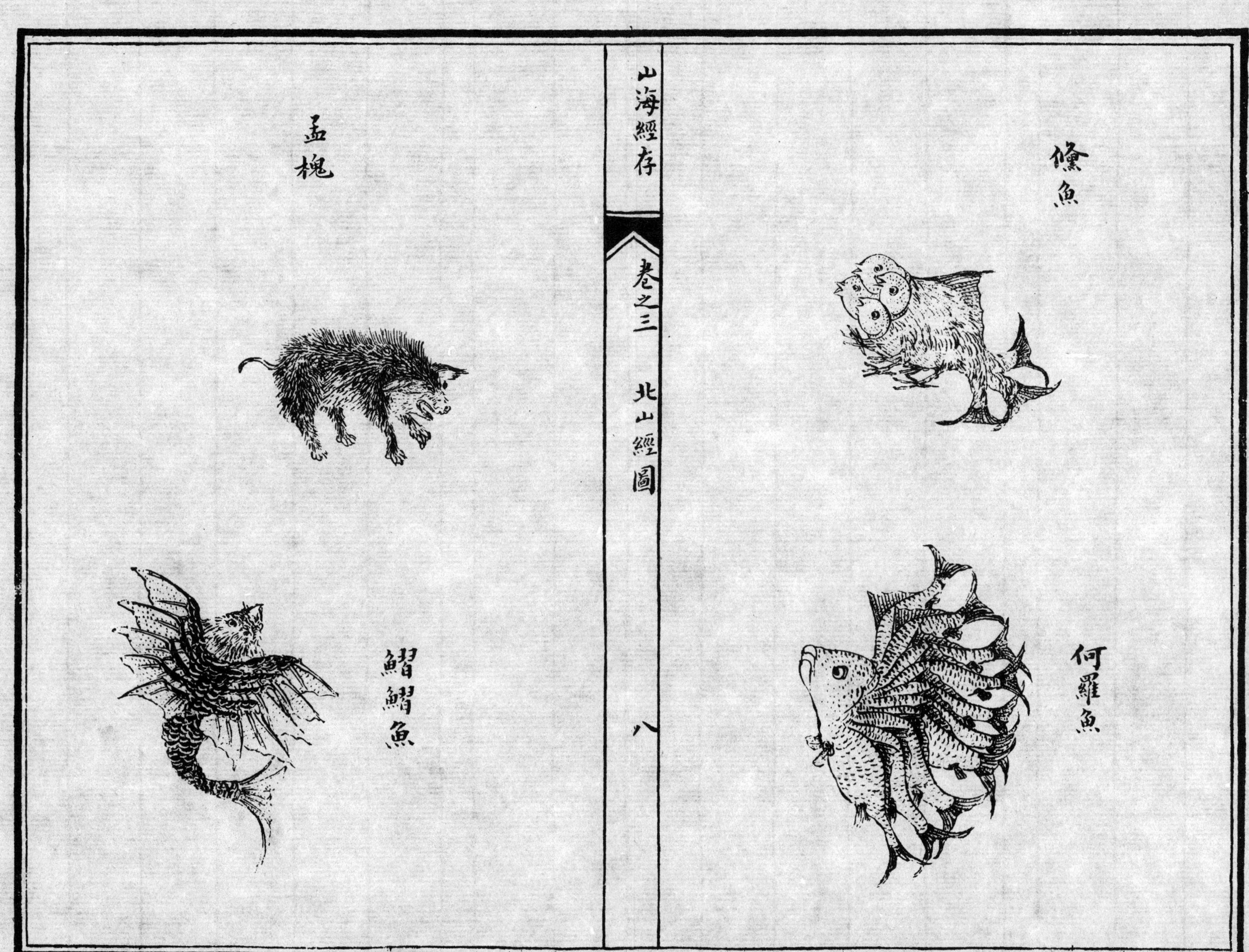
儵魚
何羅魚
孟槐
鰼鰼魚

山海經存
卷三 北山經圖
八

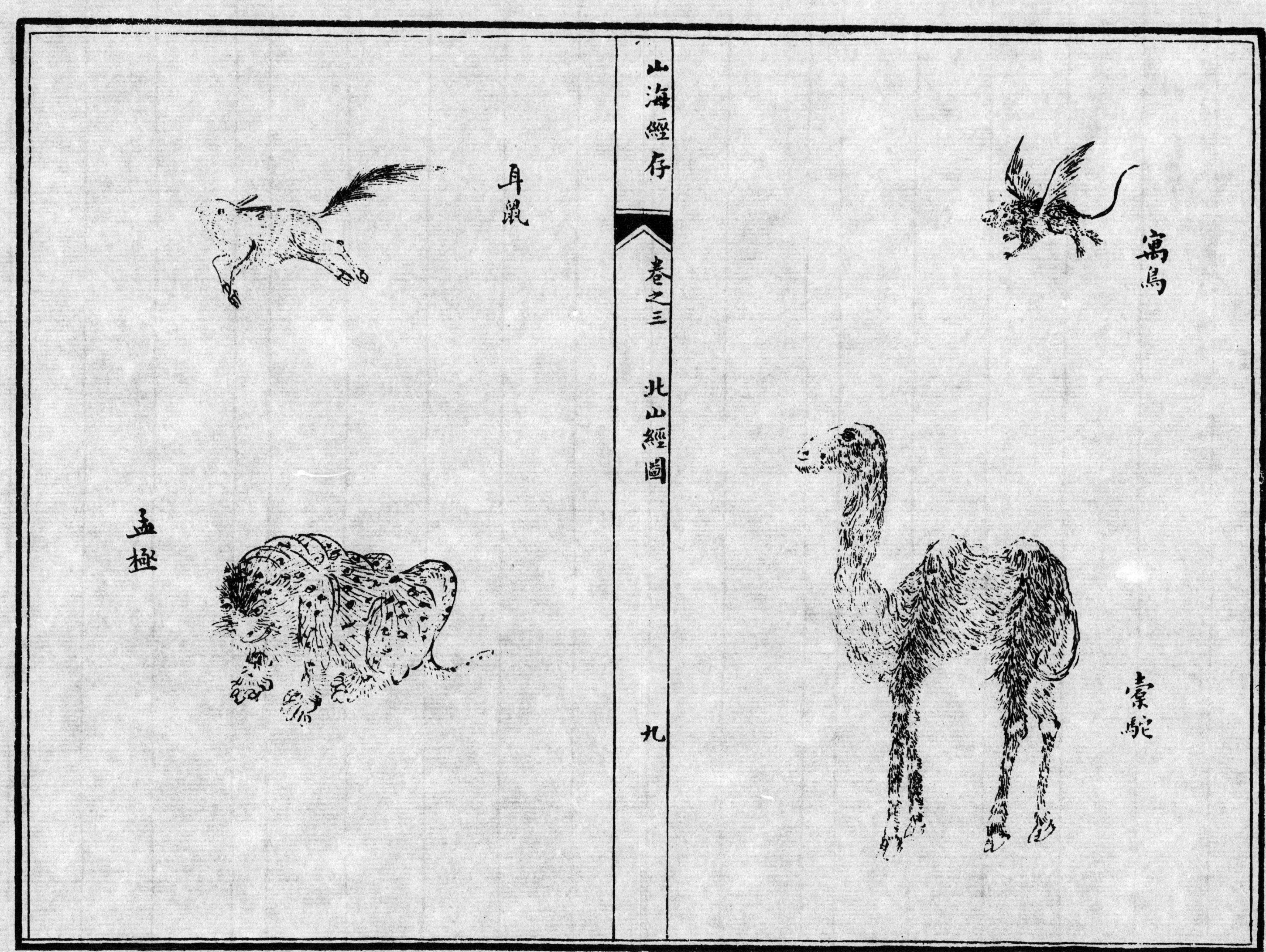
耳鼠
孟極
寓鳥
橐駝

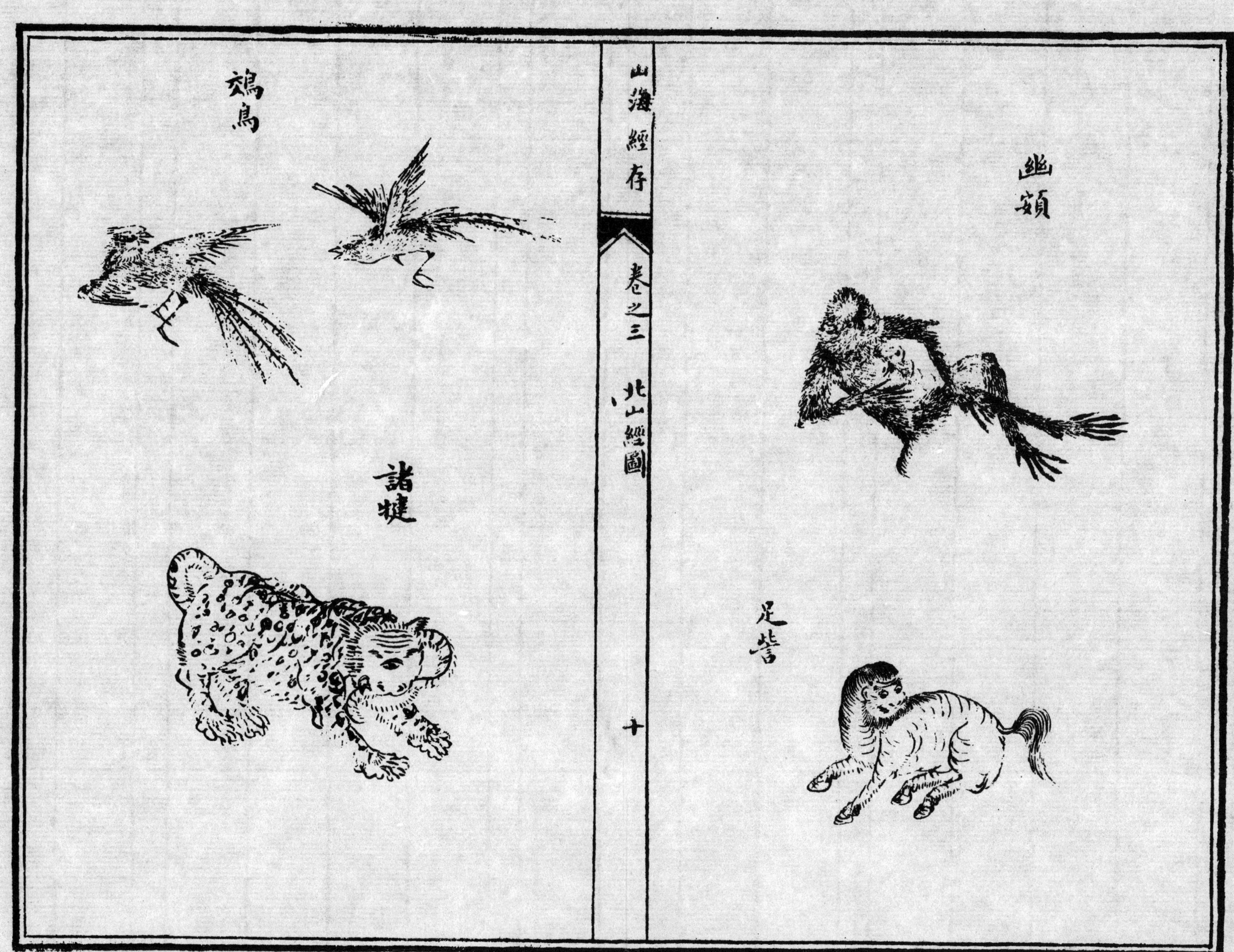
幽頞
足訾
鵁鳥
諸犍

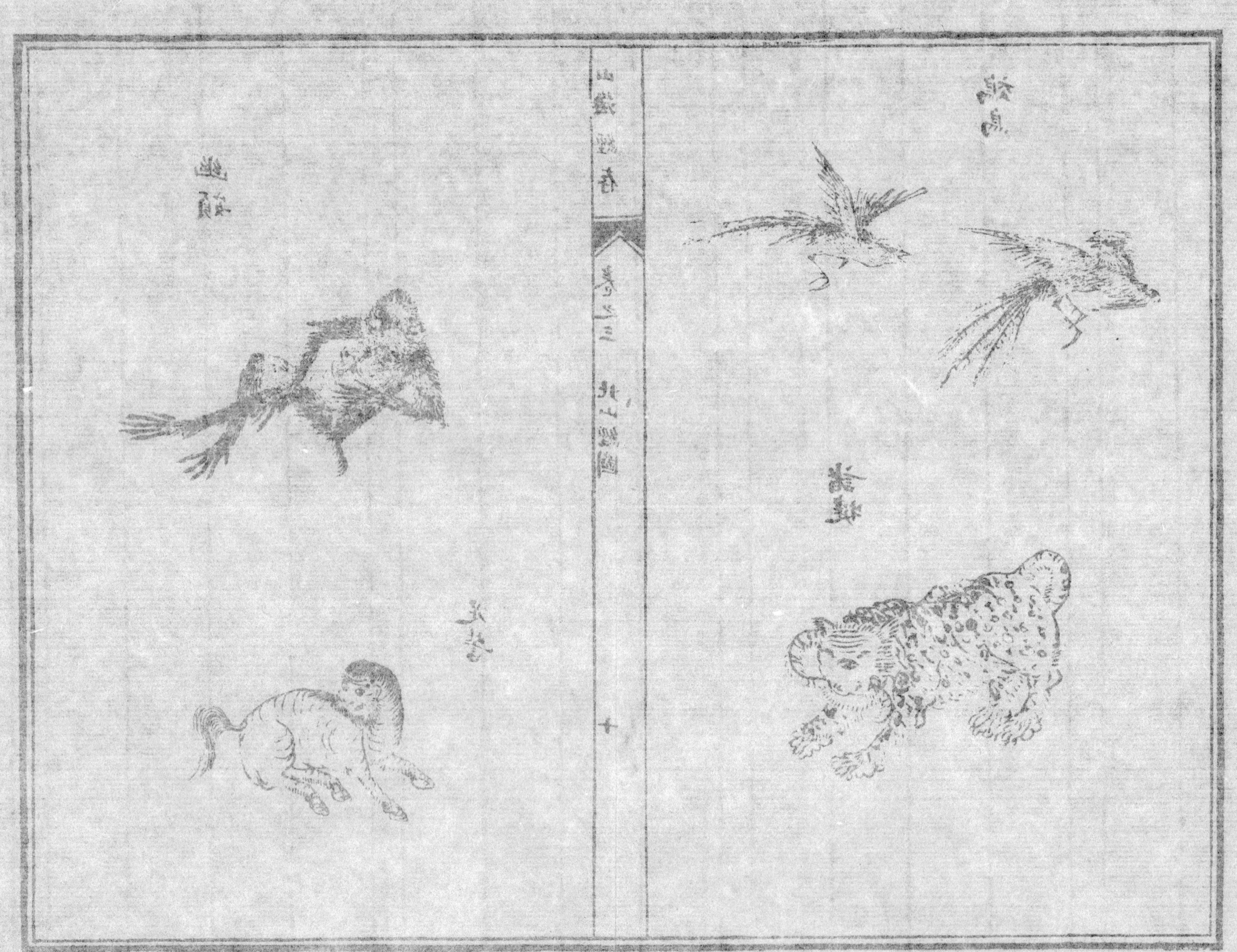
鵁鳥
諸犍
幽頞
足訾

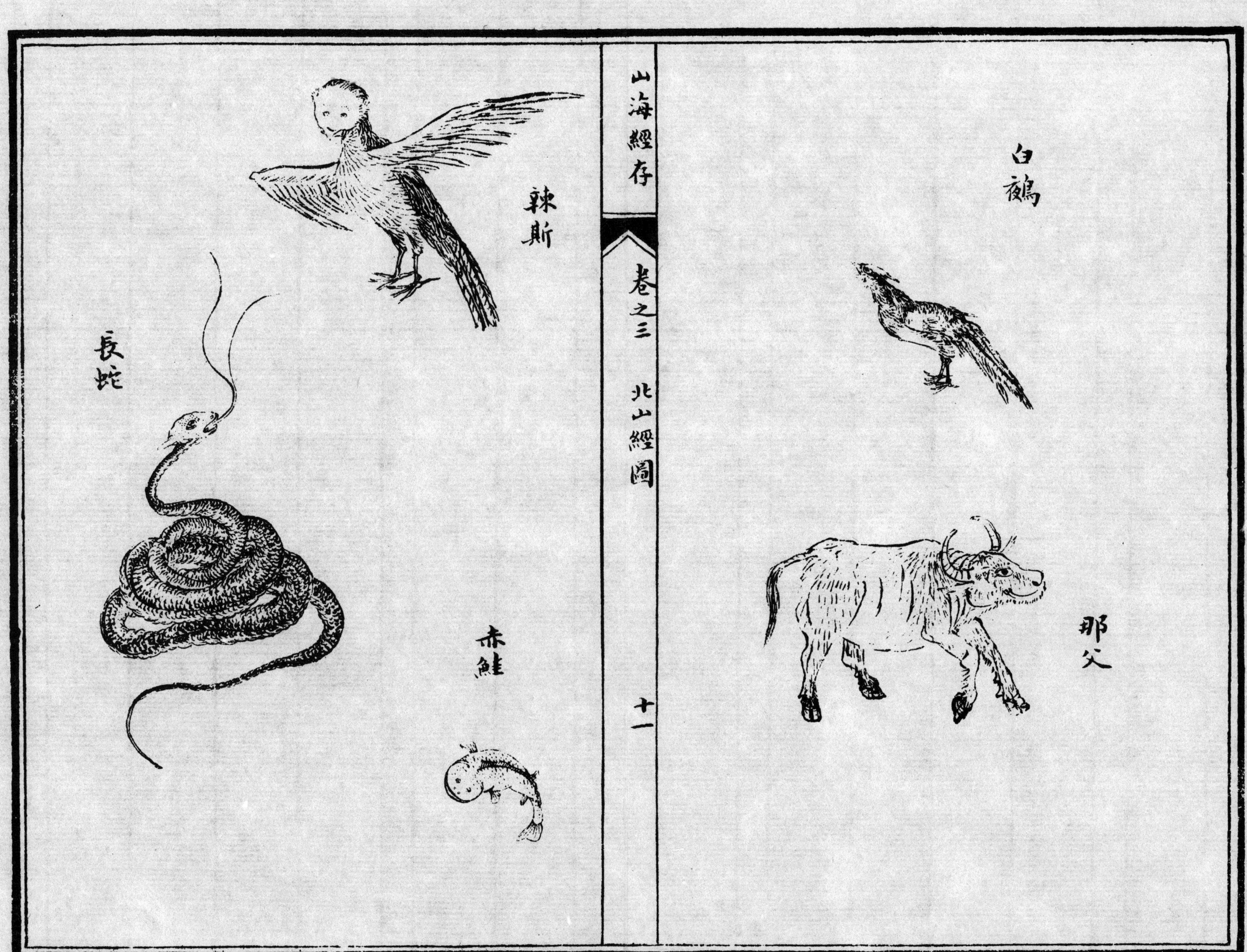
白鵺
那父
竦斯
長蛇
赤鮭

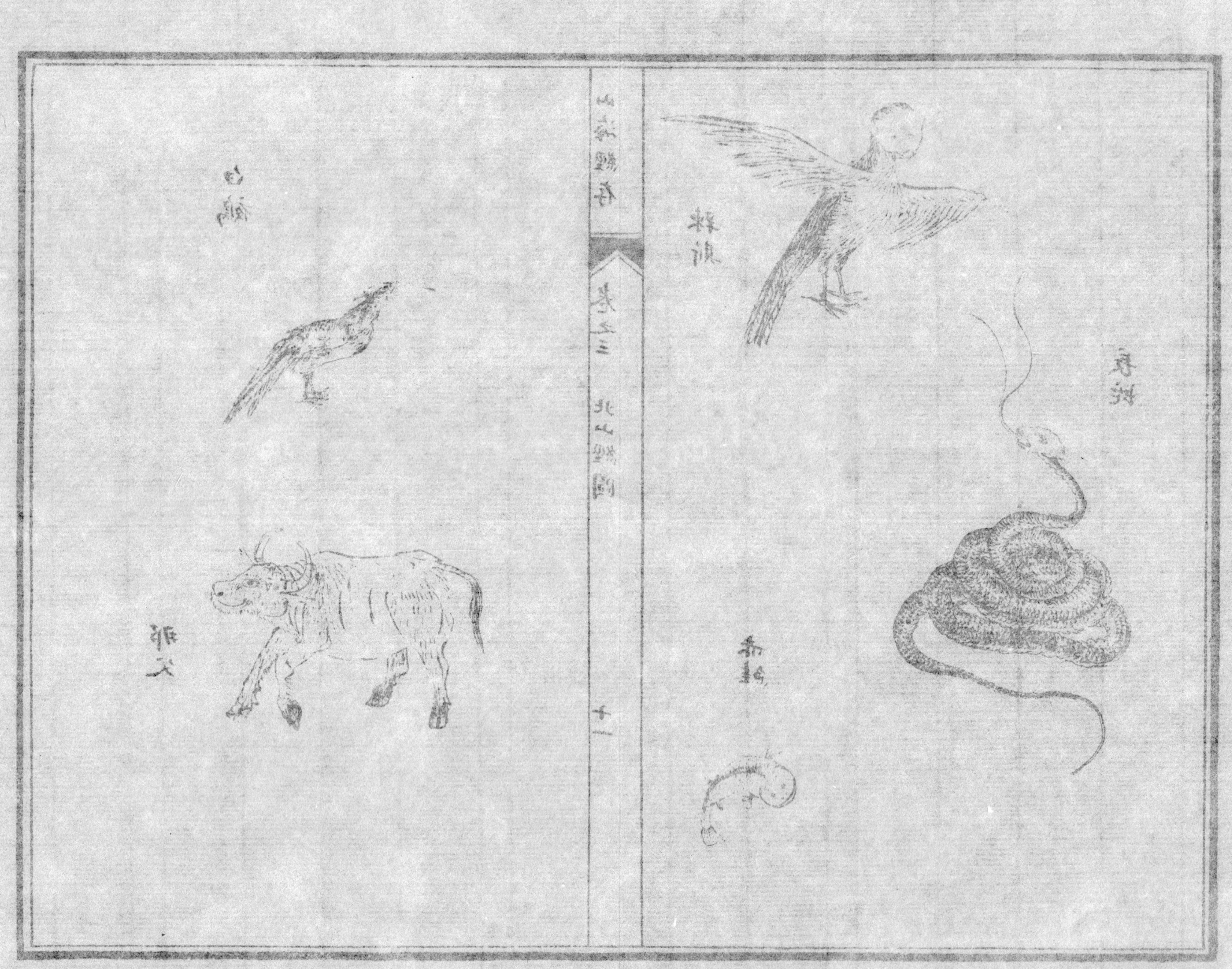
竦斯
長蛇
赤鮭
白鵺
那父

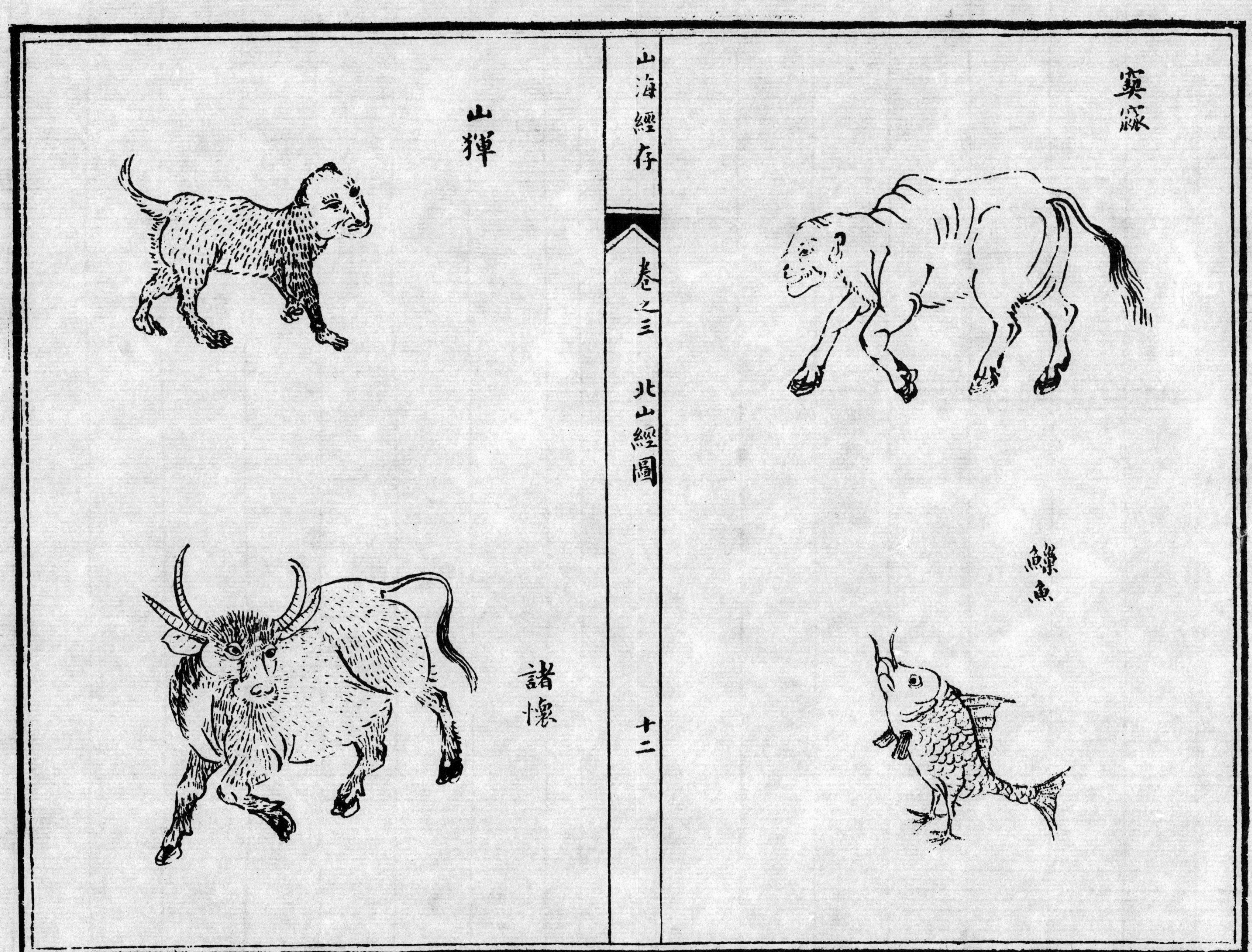
窫窳
鱳魚
山𤟤
諸懷

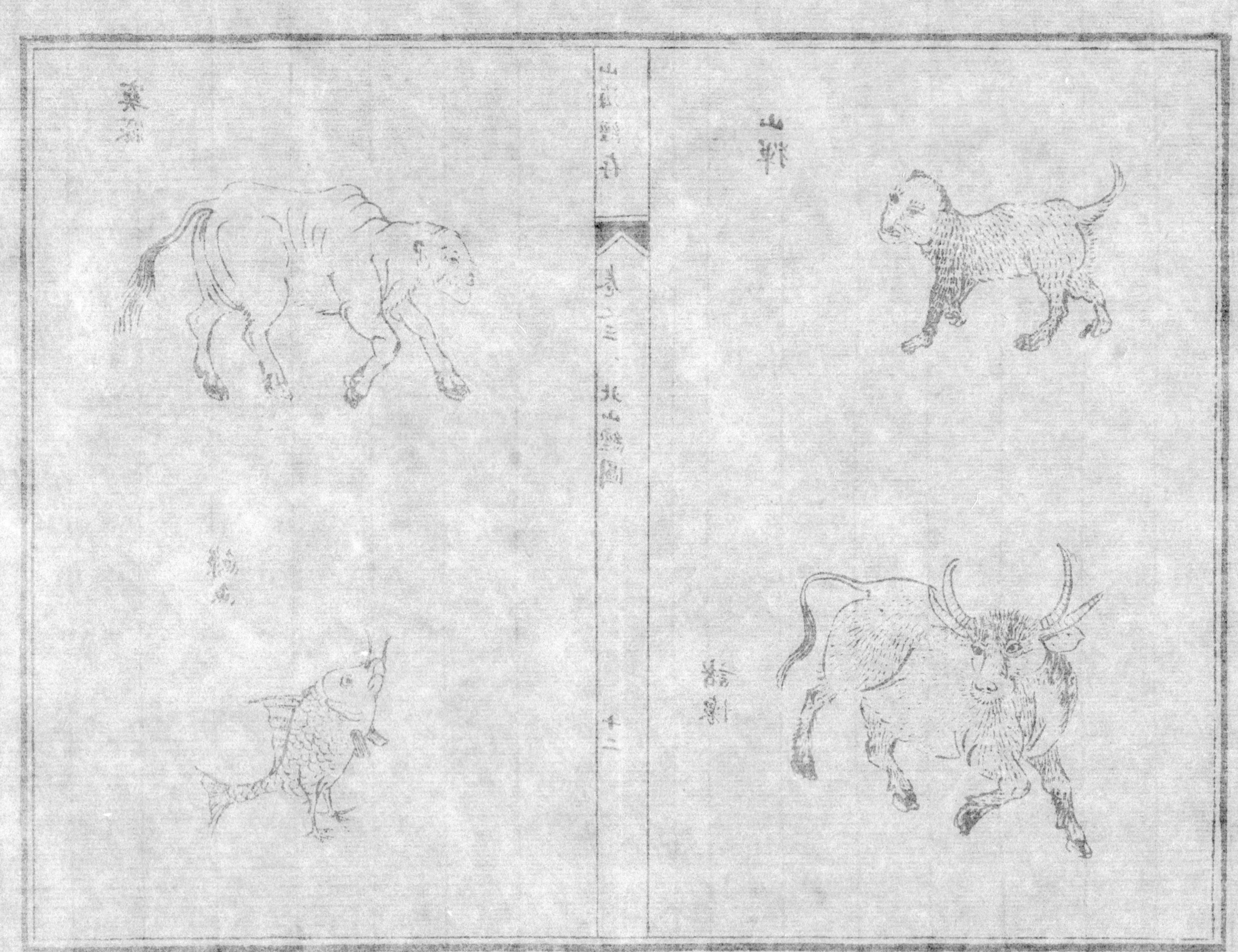
山獋
諸懷
窫窳
鮨魚

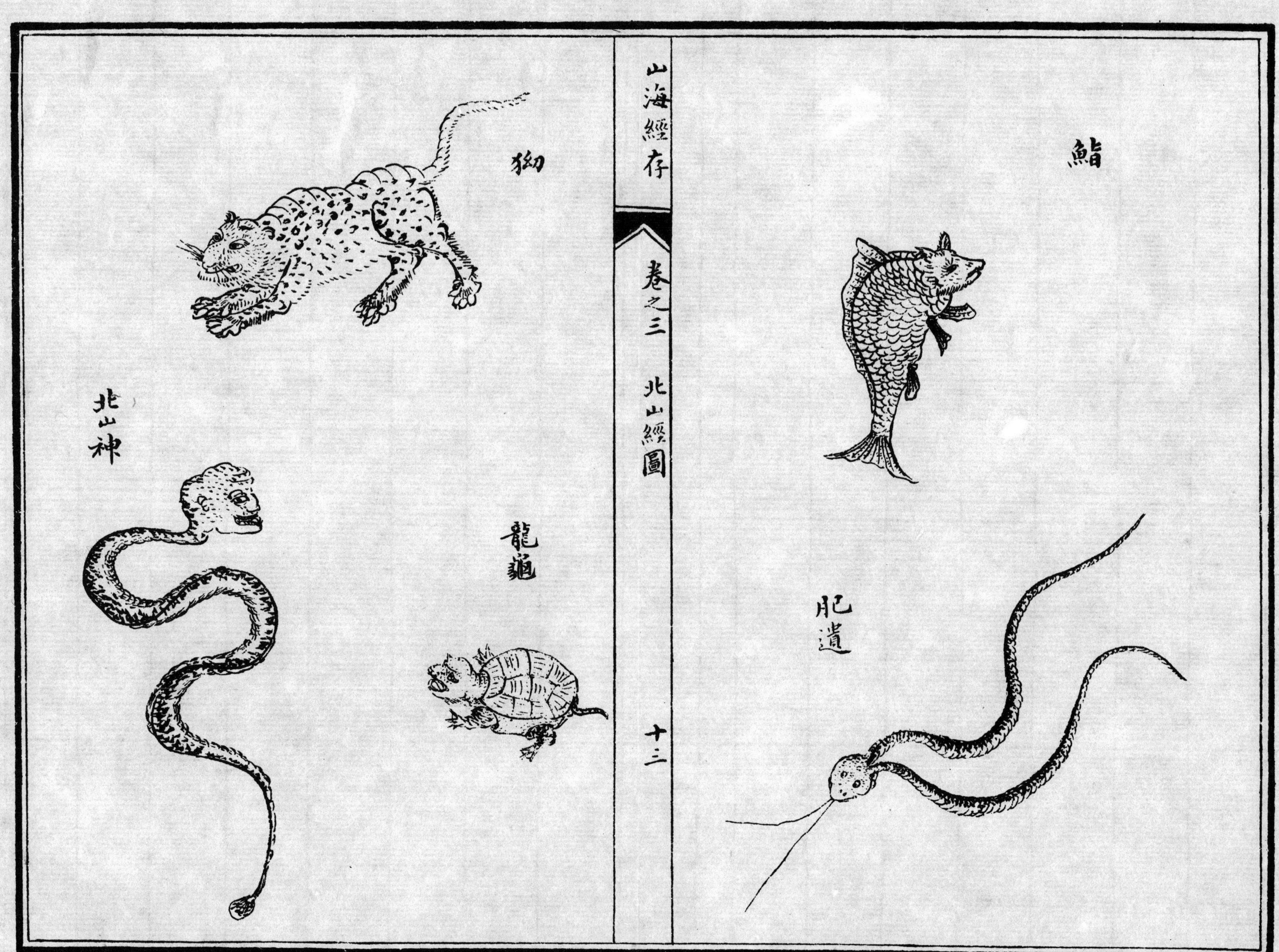
鮨
肥遺
狕
北山神
龍龜

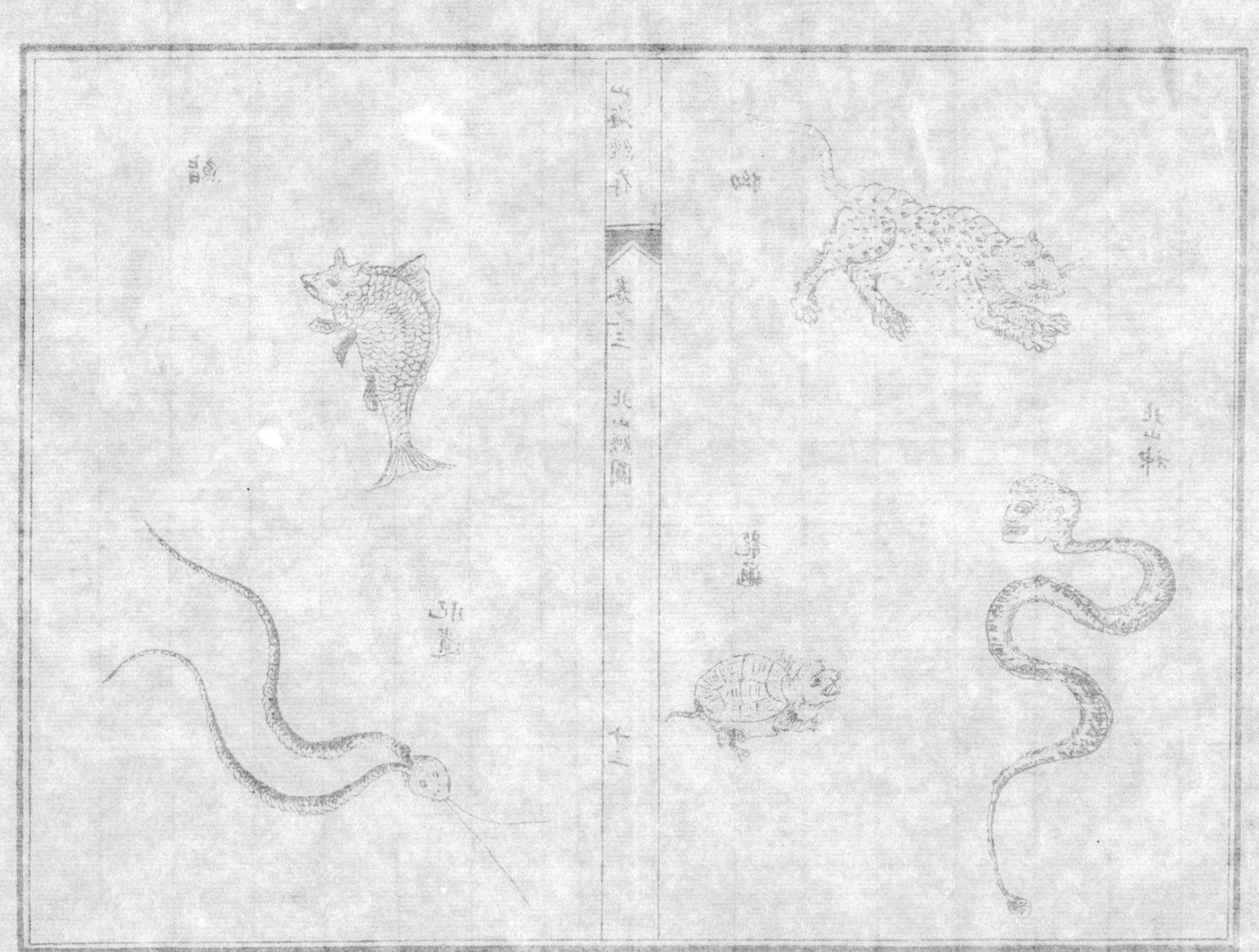

北次二經之首在河之東其首枕汾其名曰管涔之山河水自積石入中國東北流過湟水過鄯部循賀蘭山又東北過三受降城至古勝州阻陰山始折而南流至華陰乃又折而東故河東為冀河西為雍此北次二經之首大抵冀州以北之山川也管涔山在今太原府汾陽縣北又名秀容山故曰在河之東枕枕之也其山臨汾水上也枕去聲涔音岑其上無木而多草其下多玉汾水出焉而西流注於河汾水出管涔東折南流經汾州霍州平陽以南乃折而西流入河

又西二百五十里曰少陽之山其上多玉其下多赤銀銀自有赤者酸水出焉而東流注於汾水其中多美赭

又北五十里曰縣雍之山縣音懸雍音甕今平陽縣西有汲甕山然非管涔以北也其上多玉其下多銅其獸多閭麋閭山驢也似驢而歧蹄有角如麢羊鄉飲酒禮有閭中刻此獸形以受算其鳥多白翟白鵺鵺于六反白鵺即白翰晉水出焉而東南流注於汾水東過晉陽東入汾其中多鮆魚其狀如儵而赤鱗其音如叱食之不驕驕一作騷臊同臭也作騷為是

又北二百里曰狐岐之山無草木多青碧勝水出焉而東北流注於汾水其中多蒼玉狐岐山在今汾州介休縣勝水出其下東北注汾水

又北三百五十里曰白沙山廣員三百里盡沙也無草木鳥獸此蓋石州以北之山矣鮪水出於其上潛於其下出山之巔而潛其下蓋以其皆沙故也是多白玉

又北四百里曰爾是之山無草木無水

又北三百八十里曰狂山無草木是山也冬夏有雪狂水

出焉而西流注於浮水其中多美玉大同之北有山積雪
又北三百八十里曰諸餘之山其上多銅玉其下多松柏
諸餘之水出焉而東流注於旄水
又北三百五十里曰敦頭之山其上多金玉無草木旄水
出焉而東流注於卬澤其中多騂馬牛尾而白身一角其
音如呼騂音勃凡此浮水旄水之類大抵自大同外入塞之水其澤皆北方小海也
又北三百五十里曰鉤吾之山其上多玉其下多銅有獸
焉其狀如羊身人面其目在腋下虎齒人爪其音如嬰兒
名曰狍鴞是食人狍鴞猶咆烋氣健貌舊說此即饕餮食人未盡還害其身者
又北三百里曰北囂之山無石其陽多碧其陰多玉有獸

焉其狀如虎而白身犬首馬尾彘鬣名曰獨狢狢音谷此獸實野犬
類犬之性獨有鳥焉其狀如烏人面名曰鷩鶥宵飛而晝伏食
之已暍鷩音般鶥音冒暍音謁鷩鶥鵂鶹之屬而大今人謂之訓狐又名隻胡其目能夜察蚊蝱而晝不見
卯山故宵飛晝伏暍中熱病也今鵂鶹亦可治熱及頭風涔水出焉而東流注於卬澤
又北三百五十里曰梁渠之山無草木多金玉脩水出焉
而東流注於鴈門代有鴈門關此當在直北然其獸多居暨其狀如彙
而赤毛其音如豚彙音位彙似鼠短喙短足其毛如刺卷伏則如栗毬有鳥焉其狀
如夸父四翼一目犬尾名曰囂其音如鵲食之已腹痛可
以止衕衕音洞夸父一作舉父衕瀉泄也
又北四百里曰姑灌之山無草木是山也冬夏有雪

又北三百八十里曰湖灌之山其陽多玉其陰多碧多馬湖灌之水出焉而東流注於海其中多䱇鱓同有木焉其葉如柳而赤理未詳其名

又北水行五百里流沙三百里至於洹山其上多金玉三桑生之其樹皆無枝其高百仞百果樹生之其下多怪蛇此大漠之北矣

又北三百里曰敦題之山無草木多金玉是錞於北海

凡北次二經之首自管涔之山至於敦題之山凡十七山五千六百九十里此北山之中直北者其神皆蛇身人面其祠毛用一雄雞彘瘞用一璧一圭投而不糈其牲埋之其玉投之而不用米也

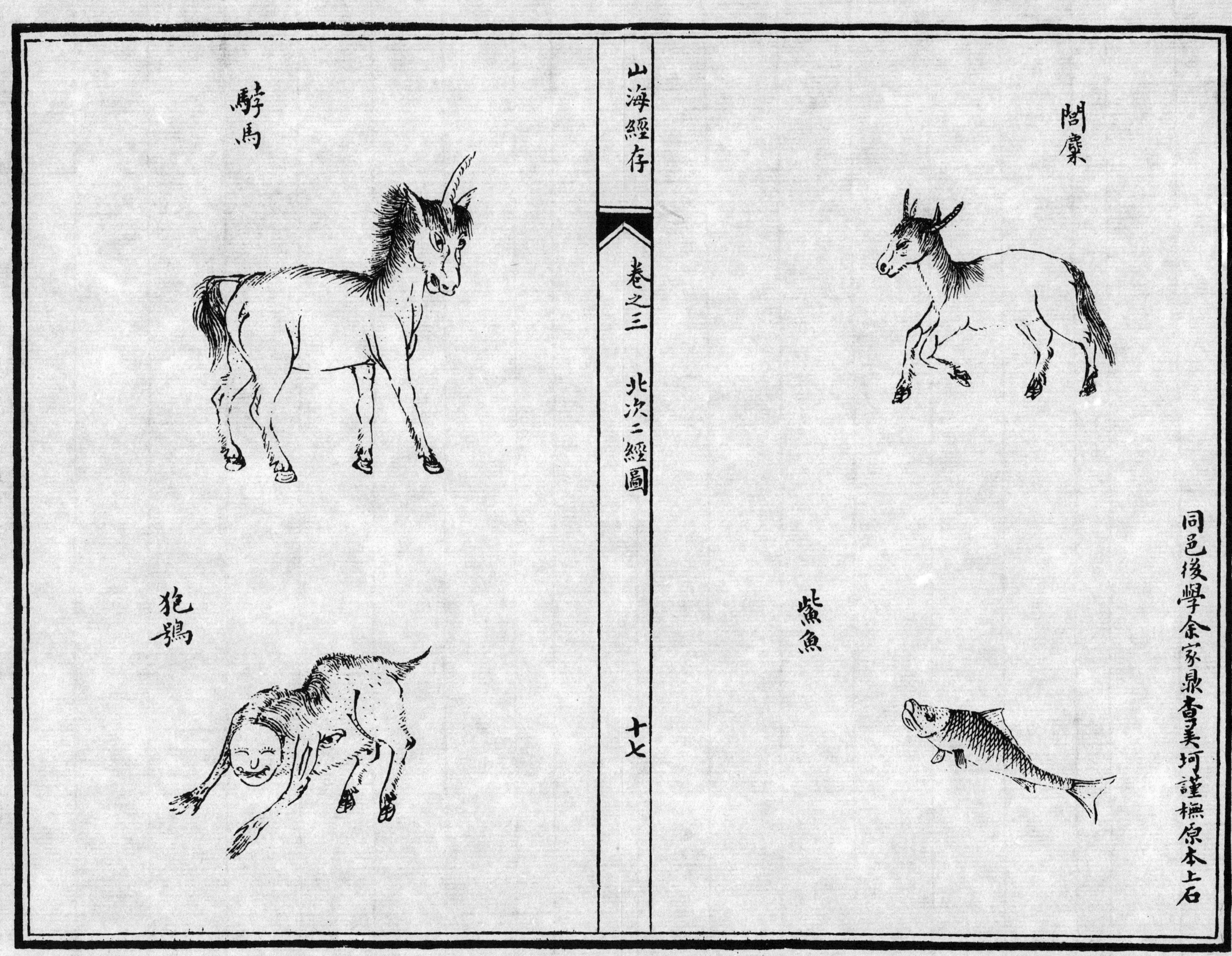
𩣡馬
狍鴞
閭麋
鮆魚
同邑後學余家鼎耆美珂謹橅原本上石

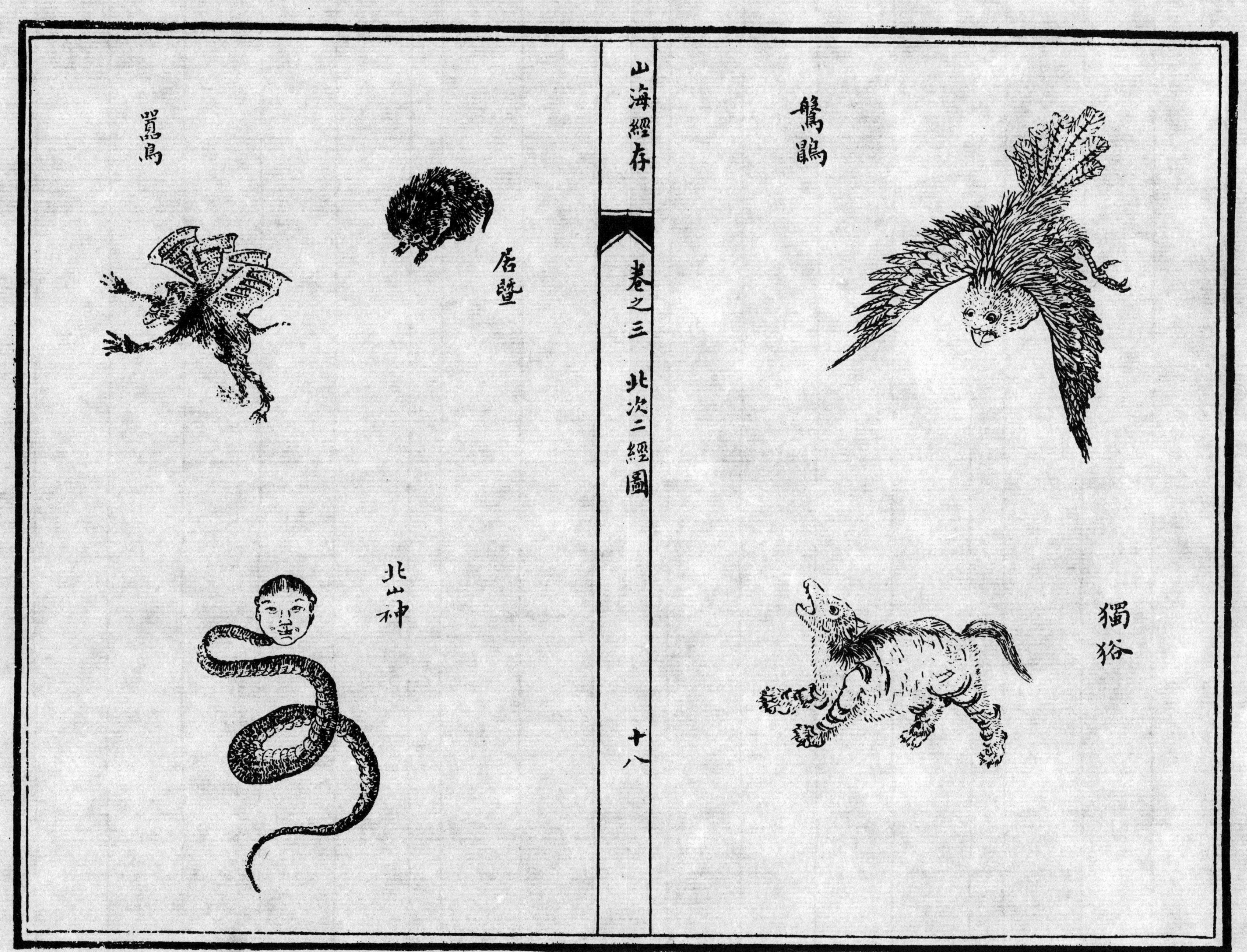

山海經存
卷之三　北次二經圖
十八
⿱般鳥鶥
獨狢
囂鳥
居暨
北山神

囂
居暨
北山神
獨㺊

北次三經之首曰太行之山行音杭太行山磅礴遼澤彰德衛輝懷慶路安六郡之間皆其山麓也太行山之南首則又名歸山今懷慶河內縣西北也其上有金玉其下有碧有獸焉其狀如麢羊而四角馬尾而有距其名曰驒善還驒音暉還音旋善還善盤旋而舞也其名自訆有鳥焉其狀如鵲白身赤尾六足其名曰鷾是善驚其鳴自詨鷾音奔詨依敎反詨亦呼也鳥鳴曰詨閩人謂呼為詨

又東北二百里曰龍侯之山無草木多金玉決決之水出焉而東流注於河此間注河小水今難悉考其中多人魚其狀如鯑魚四足其音如嬰兒食之無癡疾人魚似鮎而又似人廣中亦有之謂之海婦人此以有音為異

又東北二百里曰馬成之山其上多文石其陰多金玉有獸焉其狀如白犬而黑頭見人則飛蓋有肉翅也其名曰天馬其鳴自訆有鳥焉其狀如烏首白而身青足黃是名曰鶌鶋其鳴自詨食之不飢可以已寓鶌音屈鶋音居鶌鶋即鶌鳩也寓與誤通

又東北七十里曰咸山其上有玉其下多銅是多松柏草多茈草條菅之水出焉而西南流注於長澤或謂此澤州陽城之濩澤也其中多器酸三歲一成食之已癘器酸未詳成成熟也

又東北二百里曰天池之山其上無草木多文石有獸焉其狀如兔而鼠首以其背飛蓋背有長毛而仰飛也其名曰飛鼠澠水出焉潛於其下其中多黃堊

又東三百里曰陽山（澤州之陽城山）其上多玉其下多金銅有獸焉其狀如牛而赤尾其頸腎其狀如句瞿其名曰領胡其鳴自詨食之已狂（句音鉤瞿音劬言頸上有肉高起如斗瞿也）有鳥焉其狀如雌雉而五彩以文是自為牝牡名曰象蛇其鳴自詨留水出焉而南流注於河其中有䱻父之魚其狀如鮒魚魚首而彘身食之已嘔（嘔乾吐也）

又東三百五十里曰賁聞之山其上多蒼玉其下多黃堊多涅石（以上山大抵皆太行之屬）

又北百里曰王屋之山是多石𤅩水出焉而西北注於泰澤（王屋山在絳州垣曲縣山形如屋沇水所出也沇水出其巔崖下既見而伏又東出於懷慶之濟源縣其源匯二澤東源周七百步西源周六百八十步合流至溫縣是為沇水此𤅩水即沇水也沇水今作濟水但王屋在太行以西相去不遠非太行北千餘里也𤅩水出而東南流非西北流也或者其始出處向西北乃轉東南耳泰澤當作大澤蓋指濟源二澤言也鮪水瀰水皆出山上而潛其下𤅩水亦然而不言潛其下亦失之矣𤅩沇音近也）

又東北三百里曰教山其上多玉而無石教水出焉西流注於河是水冬乾而夏流實惟乾河（今聞喜縣東北有乾河口或是）其中有兩山是山也廣圓三百步其名曰發丸之山其上有金玉（此二山又在教水中者也）

又南三百里曰景山南望鹽販之澤北望少澤（鹽下一無販字景山耿也今蒲州河津縣鹽澤今解州鹽池也少澤郇瑕也然此當在王屋之西耳）其上多草藷藇（藷音薯藇音豫藷藇即薯也有赤白大小數種其苗蔓生葉似牽牛其根似羊蹄食其根以長細色白皮微赤而氣香者

謂之山藥今藥局以懷慶所出為佳懷去蒲解不遠也其草多秦椒如川椒而細其陰多赭其陽多玉有鳥焉其狀如蛇而四翼六目三足名曰酸與其鳴自詨見則其邑有恐或曰食之不醉

又東南三百二十里曰孟門之山孟門底柱三門也在今懷慶之孟縣南呂不韋曰龍門未闢呂梁未鑿河出孟門之上穆天子傳云北升孟門此是也底柱山禹鑿之為三門以通河其上多蒼玉多金其下多黃堊多涅石

又東南三百二十里曰平山平水出其上潛於其下是多美玉

又東三百里曰京山有美玉多漆木多竹其陽有赤銅其陰有元䃤䃤音小黑砥石也高水出焉南流注於河

又東二百里曰蟲尾之山其上多金玉其下多竹多青碧丹水出焉南流注於河薄水出焉而南流注於黃澤自景山以下皆沿河東流大抵懷衛間山川也淮南子曰薄水出鮮于山未知合否黃澤蓋河之旁所瀦澤也

又東三百里曰彭毗之山其上無草木多金玉其下多水蚤林之水出焉東南流注於河肥水出焉而南流注於牀水其中多肥遺之蛇

又東百八十里曰小侯之山明漳之水出焉南流注於黃澤有鳥焉其狀如烏而白文名曰鴣鸐食之不灂鴣音姑鸐音習灂音醮南方有鷓鴣似雌雞而白文北方無此鳥恐非也灂目瞬動也

又東三百七十里曰泰頭之山共水出焉南注於虖沱其

上多金玉其下多竹箭此盖又背河而東北行矣衛有共邑又其地多竹然虖沱猶遠在其北此共水不得云南注也

又東北二百里曰軒轅之山其上多銅其下多竹有鳥焉其狀如梟而白首其名曰黃鳥其鳴自詨食之不妒此當在彰德西矣案經書所稱黃鳥鸝也一名倉庚今謂之黃鶯鸝者言食之可以療妒然此鳥不似梟亦不白首鳴亦非自詨

又北二百里曰謁戾之山其上多松柏有金玉沁水出焉南流注於河謁戾今沁州沁源縣羊頭山也古之上黨也沁水出沁州流經澤州至滎陽之東北入河其東有林焉名曰丹林丹林之水出焉南流注於河嬰侯之水出焉北流注於氾水此非河南之氾水也然未詳所在

東三百里曰沮洳之山無草木多金玉濝水出焉南流注於河濝水即淇水也出衛輝之大號山古隆慮也沮洳即隆慮然東流非南流

又北三百里曰神囷之山其上有文石其下有白蛇有飛蟲黃水出焉而東流注於洹洹音丸洹水出彰德林慮縣東流入於清水滏水出焉而東流注於歐水滏水出釜山過彰德西北下流入濁水

又北二百里曰發鳩之山今在潞安府長子縣西其上多柘木有鳥焉其狀如烏文首白喙赤足名曰精衛其鳴自詨是炎帝之少女名曰女娃女娃遊於東海溺而不返故為精衛常銜西山之木石以堙於東海娃烏佳孤涯二反堙音因漳水出焉東流注於河此濁漳也出鹿谷山流經彰德府合清漳而東入河

又東北百二十里曰少山（今在平定州樂平縣）其上有金玉其下有銅清漳之水出焉東流于濁漳之水（清漳出大要谷東流合濁漳至阜城入河）

又東北二百里曰錫山其上多玉其下多砥牛首之水出焉而東流注於滏水

又北二百里曰景山有美玉景水出焉東南流注於海澤

又北百里曰題首之山有玉焉多石無水

又北百里曰繡山其上有玉青碧其木多栒（栒音洵木可為琴）其草多芍藥芎藭（芍藥似牡丹其花香而色麗其根入藥或以為辛夷誤甚）洧水出焉而東流注於河（此非鄭之洧水也然未詳所在）其中有鱯黽（鱯似鮎而大其色白黽青鼃也或曰鱯黽一物名耳）

又北百二十里曰松山陽水出焉東北流注於河

又北百二十里曰敦與之山其上無草木有金玉溹水出於其陽而東流注於泰陸之水（孫炎云大陸今鉅鹿廣阿澤也李吉甫又以深邢趙三州為大陸然則大陸今深澤是也）泜水出於其陰而東流注於彭水（泜音抵泜水出中邱窮泉谷東流入於漳水然則此彭字當作漳）槐水出焉而東流注於泜澤

又北百七十里曰柘山其陽有金玉其陰有鐵歷聚之水出焉而北流注於洧水

又北三百里曰維龍之山其上有碧玉其陽有金其陰有鐵肥水出焉而東流注於皋澤其中多礨石（言肥水中多磈礨大石也）敞鐵之水出焉而北流注於大澤

又北百八十里曰白馬之山其陽多石玉其陰多鐵多赤銅木馬之水出焉而東北流注於虖沱自泰頭至此繞太行之東而北行也至此則疑近北嶽恒山之境矣

又北二百里曰空桑之山無草木冬夏有雪空桑之水出焉東流注於虖沱此北方空桑非東之空桑也

又北三百里曰泰戲之山無草木多金玉有獸焉其狀如羊一角一目目在耳後其名曰辣辣其鳴自訆辣音棟虖沱之水出焉而東流注於漊水漊音樓虖沱今出朔州平鹵南武夫山東南流經正定並恒衛寇易諸水而東入海今自河已南從北方川原或塞或開互相易位不可詳考矣液女之水出於其陽南流注於沁水案平鹵去沁水已遠液女之水不知何水也

又北三百里曰石山多藏金玉濩濩之水出焉而東流注於虖沱鮮于之水出焉而南流注於虖沱

又北二百里曰童戎之山皋涂之水出焉而東流注於漊液水前漊水液水兩分此又合言漊液水豈此皋涂之水分入於二水而約言之邪

又北三百里曰高是之山今蔚州靈邱縣此北嶽之山矣滋水出焉南流注於虖沱其木多椶其草多條滱水出焉東流注於河案滋水出靈邱經正定合恒水恒水出恒山北谷東南合滋水又南流入於衛水此後世經流也古之恒水入於易水而東自入海滋恒皆不入虖沱也滱水出靈邱東南流合恒水入易水入海滱不入虖沱亦不入河也河自大伾東北流至碣石入海而恒衛滱易虖沱皆不與河相涉易水最北虖沱次南河又在南也後世川瀆乃互異矣古燕雲恒嶽之水不能越虖易而入河也乃此言滱水入河下鄭般燕號倫繩皆云入河是秦漢人之水道或然非三代之書

（可知）

又北三百里曰陸山多美玉𨛬水出焉而東流注於河（𨛬或作郯）

又北二百里曰沂山般水出焉而東流注於河（沂魚依反般音盤）

北百二十里曰燕山多嬰石（燕山今京師也嬰石之美者列子所謂燕石也）燕水出焉而東流注於河（燕山以東灤盧濡遼之水皆自入海不入河）

又北山行五百里水行五百里至於饒山是無草木多瑤碧其獸多橐駝其鳥多鶹（鵂鶹頭似貓）歷虢之水出焉而東流注於河其中有師魚食之殺人（師或作鮑此未越海而水行五百里或即沂此歷虢之水歟今不可考師魚未詳）

又北四百里曰乾山無草木其陽有金玉其陰有鐵而無水（據此則乾當音干）有獸焉其狀如牛而三足其名曰獂其鳴自詨

又北五百里曰倫山倫水出焉而東流注於河有獸焉其狀如麋其川在尾上其名曰羆（川亦作州後竅也此非熊羆之羆）

又北五百里曰碣石之山（地志碣石在北平驪城縣西南河口之地酈道元水經云驪城枕海有石如甬道數十里當山頂有大石如柱韋昭云碣石昔在河口海濱歷世既久為水所漸淪入於海已去岸五百餘里矣案永平府之南萊州之北河間天津之東渤海中有過沙焉蓋古碣石也）繩水出焉而東流注於河（碣石且淪海中則繩水亦無存矣）其中多蒲夷之魚（未詳）其上有玉其下多青碧

又北水行五百里至於鴈門之山無草木此鴈門山又非山西之鴈門關也北陵西隃鴈之所出地在高柳北

又北水行四百里至於泰澤其中有山焉曰帝都之山廣員百里無草木有金玉

又北五百里曰錞於毋逢之山北望雞號之山其風如颷西望幽都之山浴水出焉是有大蛇赤首白身其音如牛見則其邑大旱此蓋東極於遼左矣幽都燕也浴水黑水也永平有盧水入海長白山有黑龍江皆黑水也颷風急貌

凡北次三經之首自太行之山以至於毋逢之山凡四十六山萬二千三百五十里此北之東條自太行而西南又循河而東又循太行之東而北

至恒岳乃自恒岳而又東歷山前燕平以北太約極於遼左而止其神狀皆馬身而人面者廿神其祠之皆用一藻茝瘞之茝昌改反藻字下有闕文茝今白芷也太行以下至少山二十二山主太行其神狀及祠之之禮如此其十四神狀皆彘身而載玉其祠之皆玉不瘞自錫山以下至高是十四山主恒嶽其神狀及祠之之禮如此不瘞投其玉也其十神狀皆彘身而八足蛇尾其祠之皆用一璧瘞之自陸山以下至毋逢十山其神狀及祠之之禮如此其大凡四十四神皆用稌糈米祠之此皆不火食惟太行恒山高是二神用火食也

右北經之山志凡八十七山二萬三千二百三十里

山海經存卷之三終

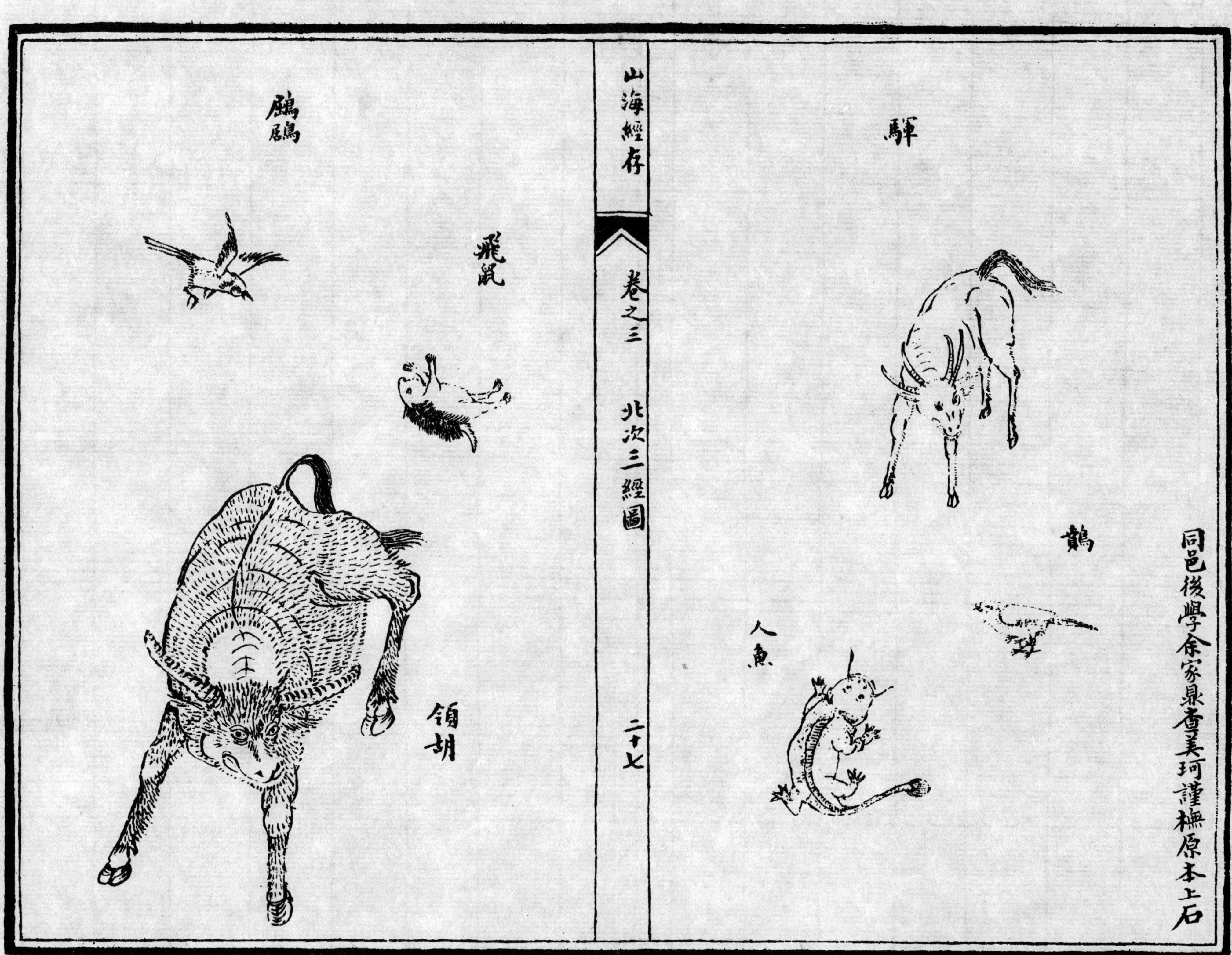

同邑後學余家鼎查美珂謹橅原本上石

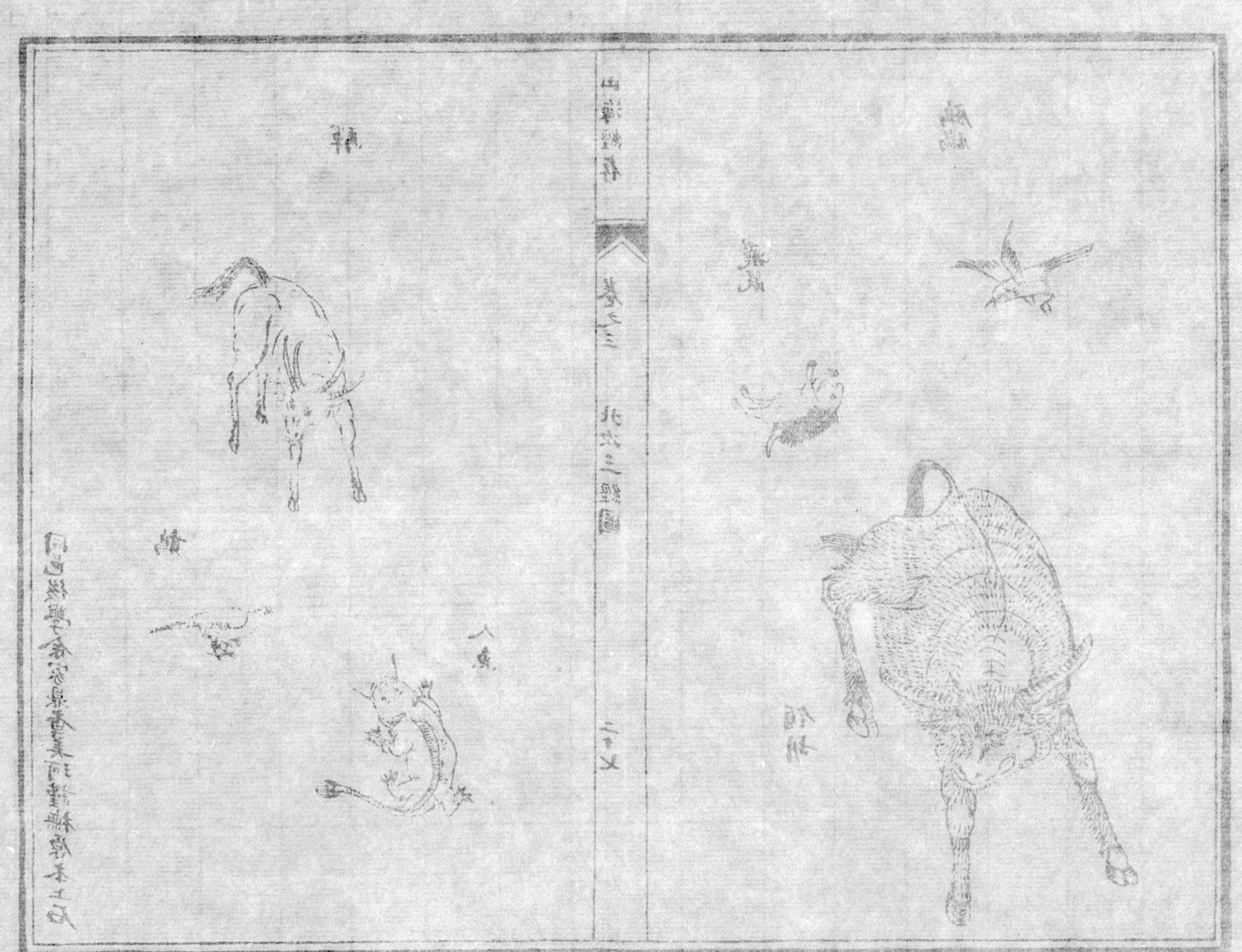

人魚

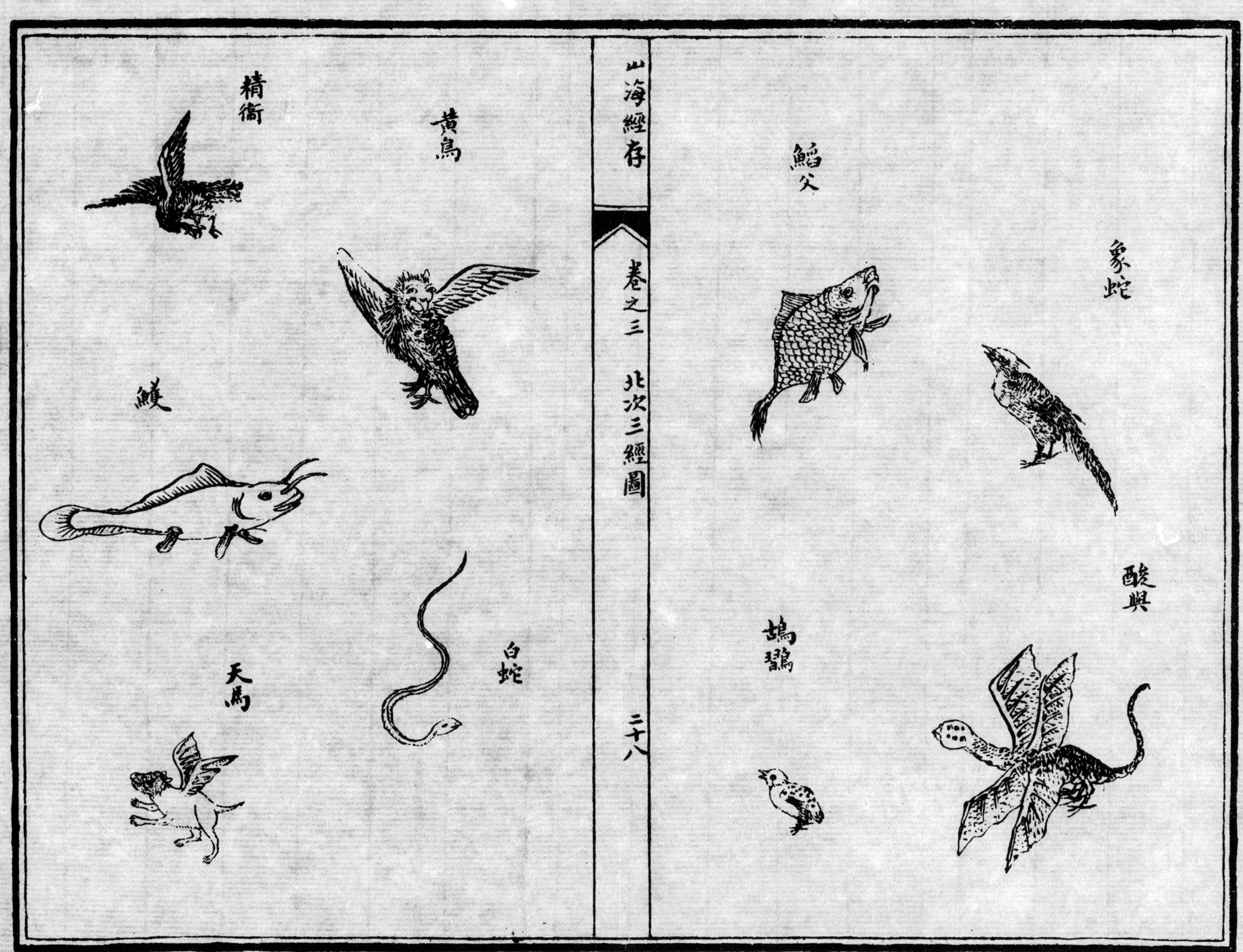
精衛
黃鳥
鱯
天馬
白蛇
山海經存
卷之三　北次三經圖
二十八
鮥父
象蛇
酸與
鴣䳋

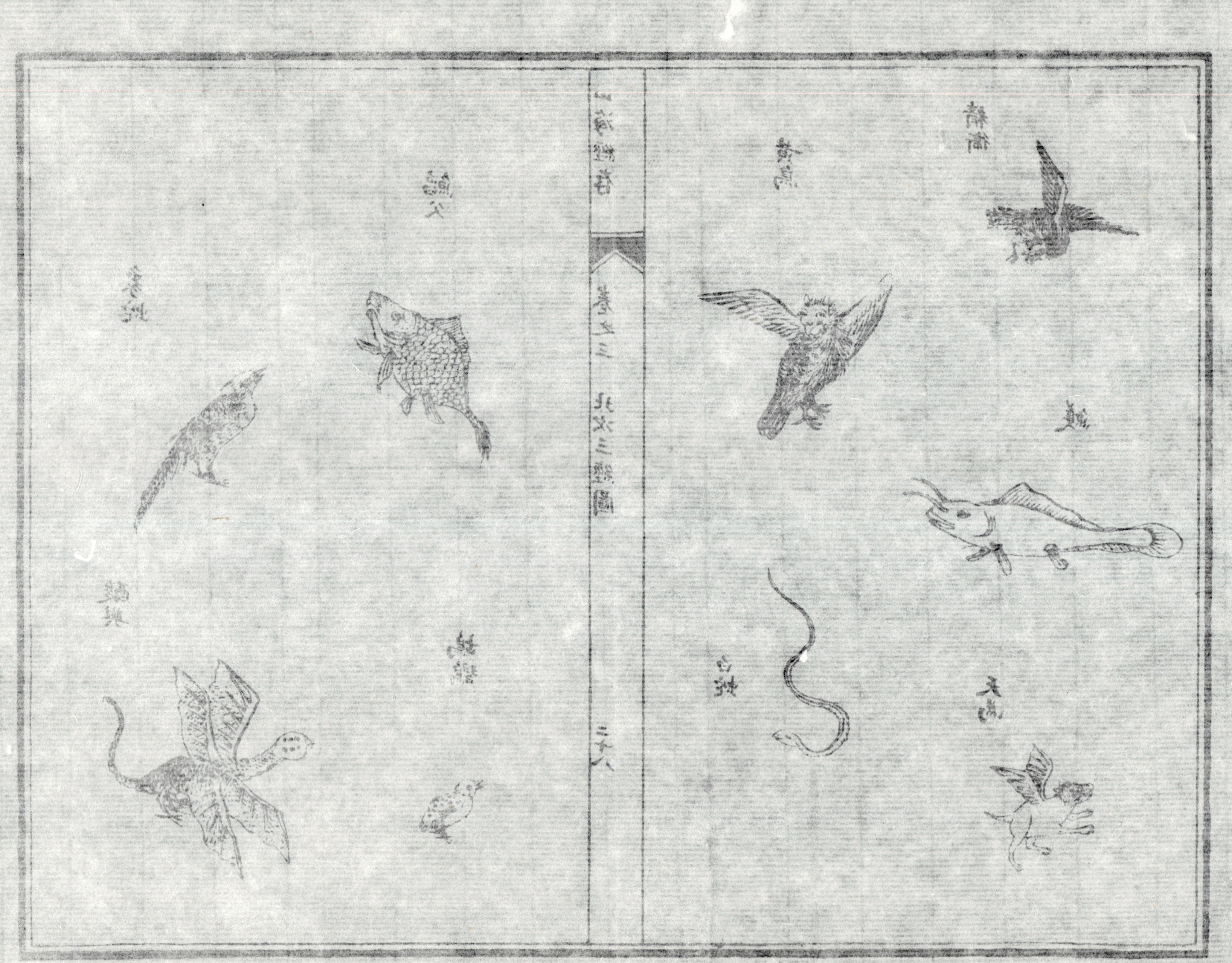
精衛
黃鳥
白蛇
天馬
鮥父
象蛇
酸與
鶌鶋

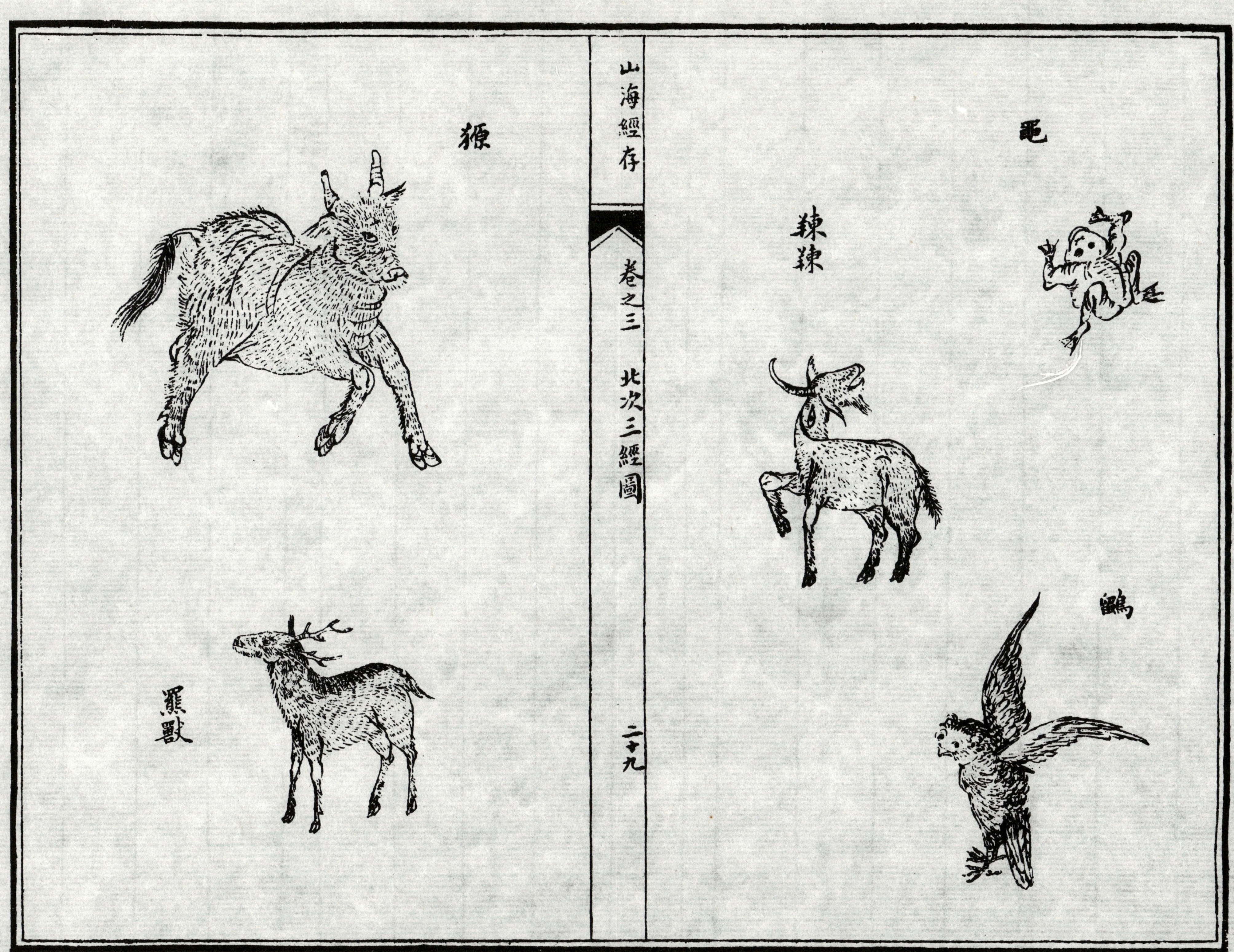

山海經存
卷之三
北次三經圖
二十九
獂
羆獸
辣辣
鼉
鶹

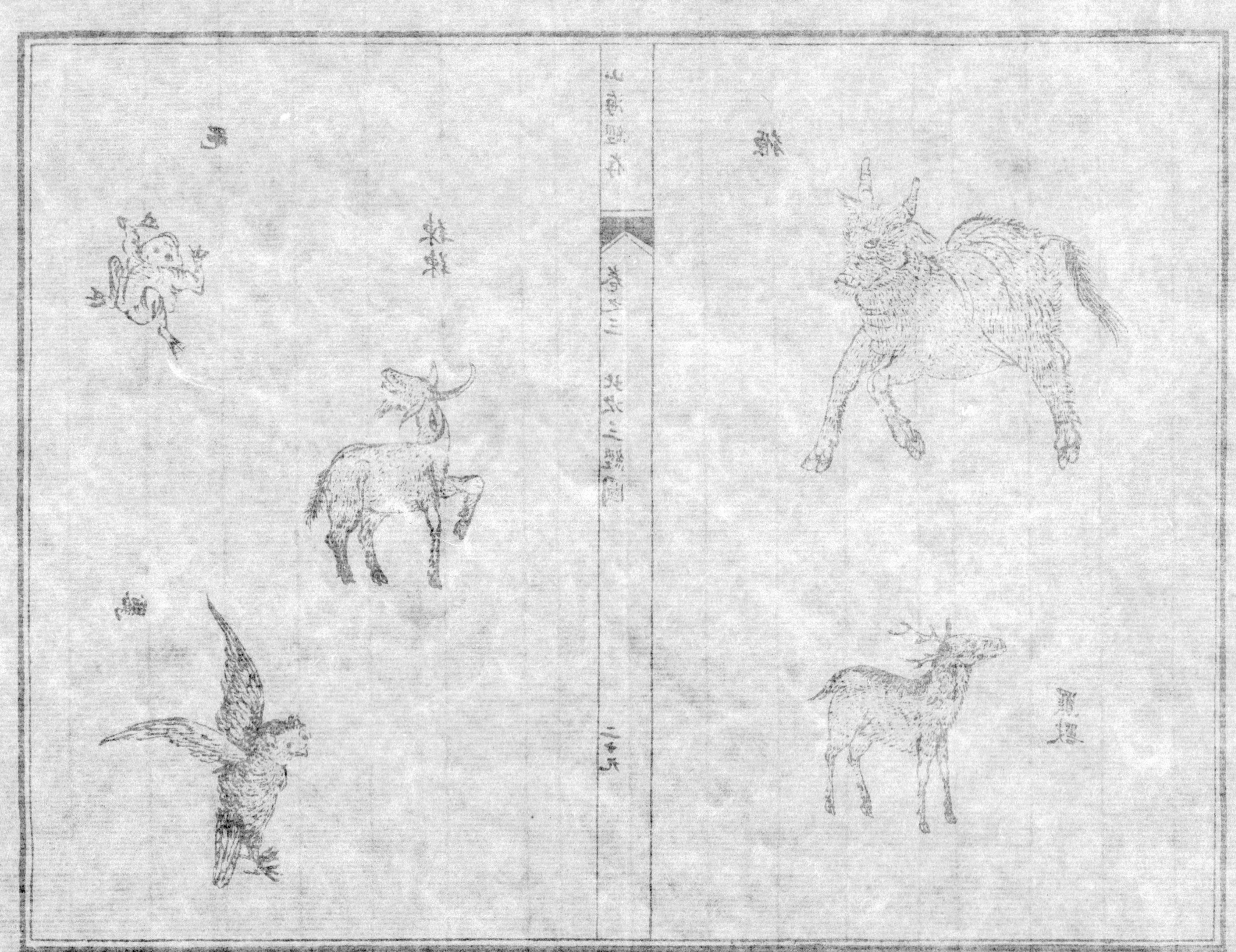

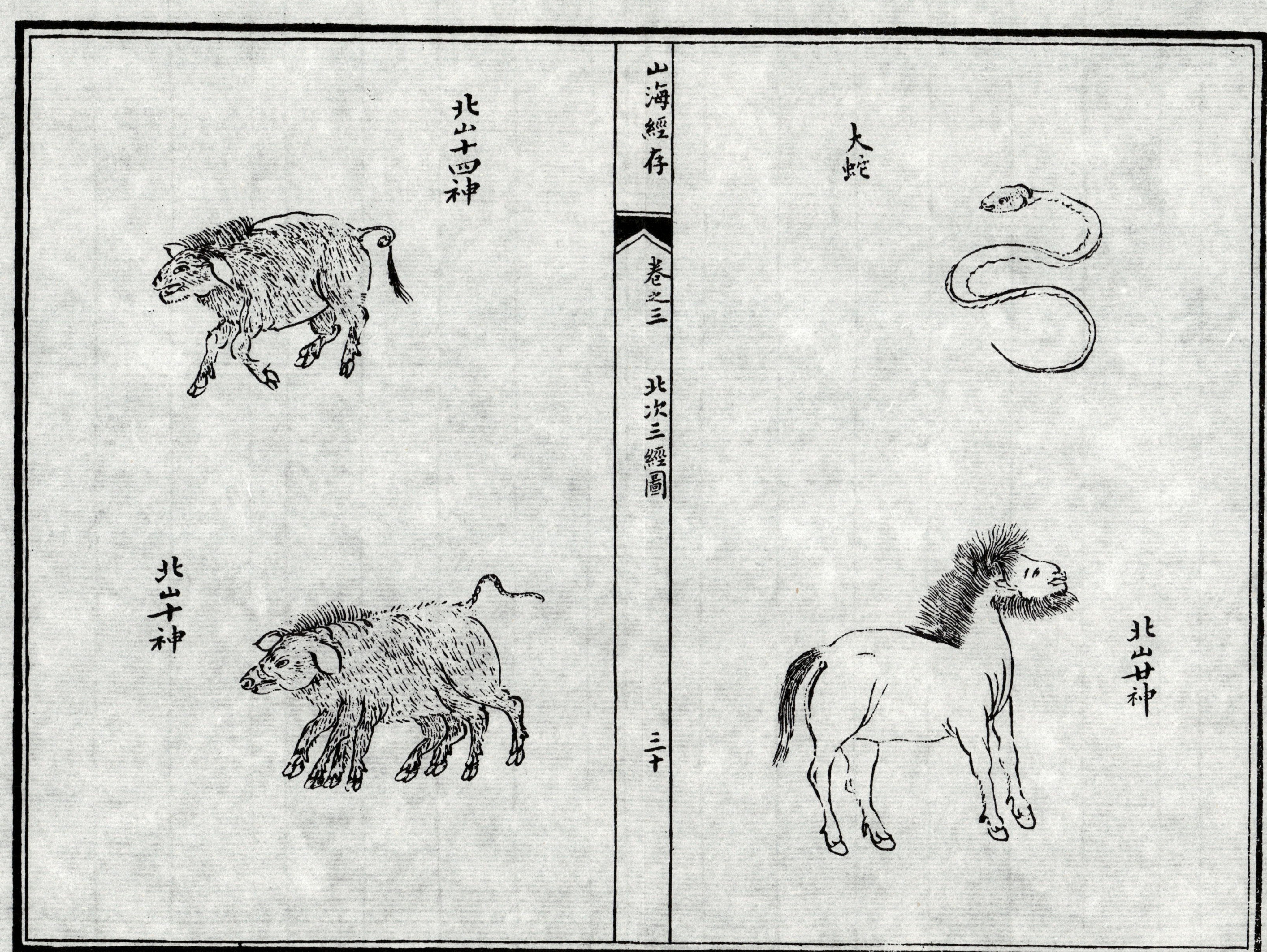
大蛇
北山廿神
北山十四神
北山十神

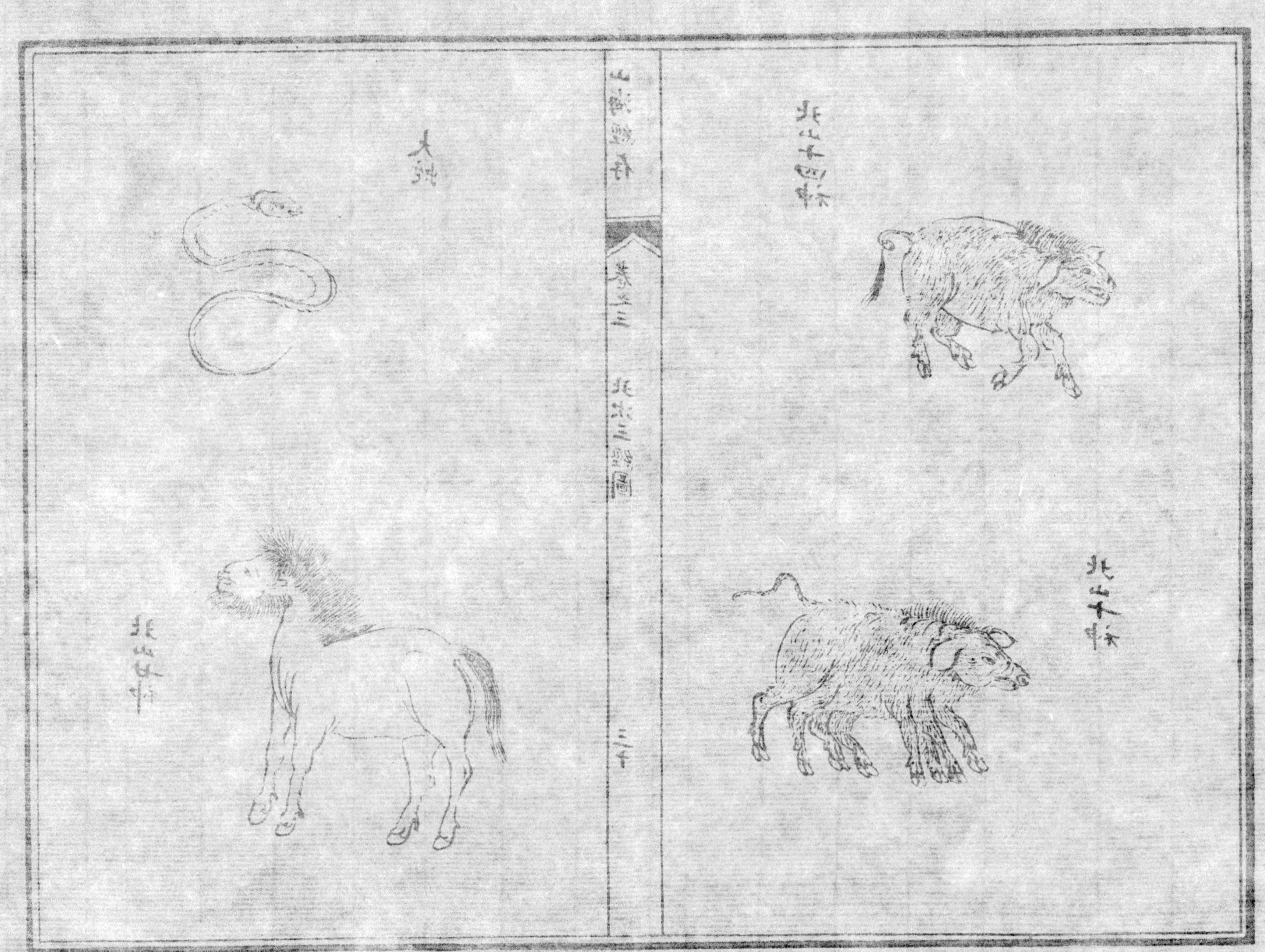
北山十四神
北山十神
山海經存
卷之三
北次三經圖
二十
大蛇
北山廿神

山海經存卷之四

婺源汪紱雙池釋　後學　烏程盧禄辰子純
同邑程夢元僊圃
同邑戴　彭景鈖　同校字
同邑余家鼎彝伯

東山經第四

東山經之首曰樕螽之山北臨乾昧（樕音速螽音株昧音妹）食水出焉而東北流注於海其中多鱅鱅之魚其狀如犂牛其音如彘鳴（鱅時公反）

又南三百里曰藟山其上有玉其下有金湖水出焉東流注於食水其中多活師（藟音誄活師蝌蚪也爾雅謂之活東或曰東海之濱有魚焉似蝌蚪而味美其名曰跳魚）

又南三百里曰栒狀之山其上多金玉其下多青碧石有獸焉其狀如犬六足其名曰從從其鳴自詨有鳥焉其狀如雞而鼠毛其名曰蚩鼠見則其邑大旱（蚩音資）沢水出焉而北流注於湖水（沢音枳）其中多箴魚其狀如儵其喙如箴食之無疫疾（箴音針今江東濱海皆有之謂之針工魚）

又南三百里曰勃亝之山無草木無水（亝古齊字）

又南三百里曰番條之山無草木多沙減水出焉北流注於海其中多鰔魚（鰔音感黃頰魚也）

又南四百里曰姑兒之山其上多漆其下多桑柘姑兒之水出焉北流注於海其中多鱤魚或曰此即齊東姑尤也

又南四百里曰高氏之山其上多玉其下多箴石古人治病用箴其砭以石諸繩之水出焉東流注於澤其中多金玉或曰即澠水在青州者

又南三百里曰嶽山其上多桑其下多樗濼水出焉東流注於澤其中多金玉齊有濼水出泰山北匯為黑水至渴馬崖潛流出歷城西五十里湧出曰趵突之泉北注清泲其經流即濼水也或即此歟

又南三百里曰犲山其上無草木其下多水其中多堪孖之魚犲音柴孖音序堪孖未詳或曰即鱮魚也似鰱食草今人池沼養之謂之草魚有獸焉其狀

如夸父而彘毛其音如呼見則天下大水

又南三百里曰獨山其上多金玉其下多美石末塗之水出焉而東南流注於沔此非漢水之沔其中多偹蟰其狀如黃蛇魚翼出入則有光見則其邑大旱蟰時中反

又南三百里曰泰山舊說即東嶽岱宗今在泰安州西北自下至巔凡四十八里三百步其上多玉其下多金有獸焉其狀如豚而有珠名曰狪狪其鳴自訆狪音同環水出焉東流注於海其中多水玉泰山下有原山淄水出其北東北流入海汶水出其南西南流入泲此或即淄水也然則環當作原

又南三百里曰竹山錞於涯一作江非案此據岱宗以南則當作錞於淮無草木多瑤碧激水出焉而東南流注於娶檀之水其中多茈

羸

凡東山經之首自樕螽之山以至於竹山凡十二山三千六百里此經大約自東北海上迤西而南沿泖至東岳以南也然渤海青兖之境海水多所淪昧今皆不可考矣其神狀皆人身龍首祠毛用一犬祈䰾用魚䰾音二其祠之用犬其有所祈禱則衈用魚也以牲告神欲神聽之曰䰾公羊傳曰蓋扣其鼻以䰾社

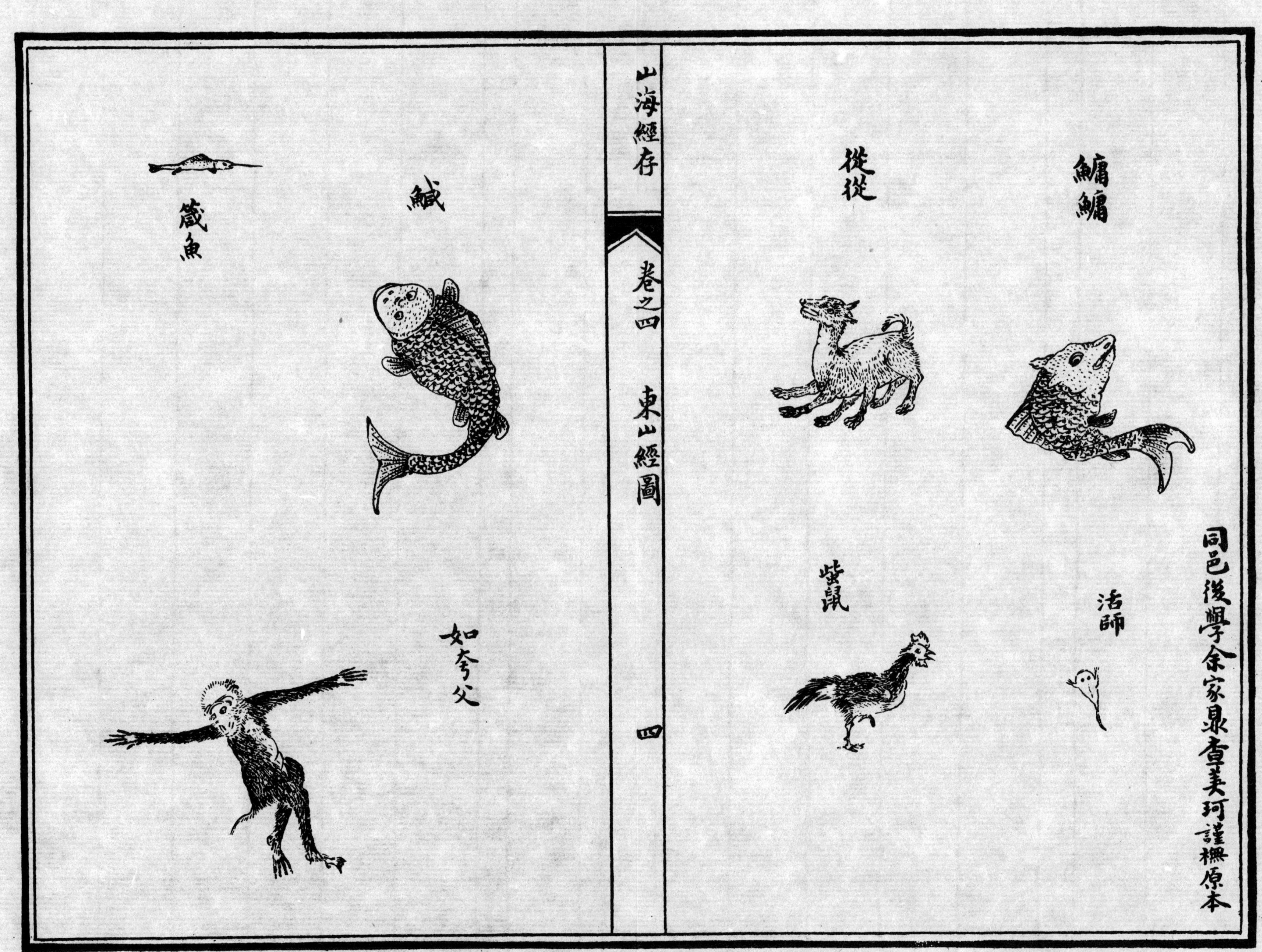
山海經存
卷之四
東山經圖
四
鱅鱅
從從
活師
𪁺鼠
同邑後學余家鼎查美珂謹橅原本
鱤
箴魚
如夸父

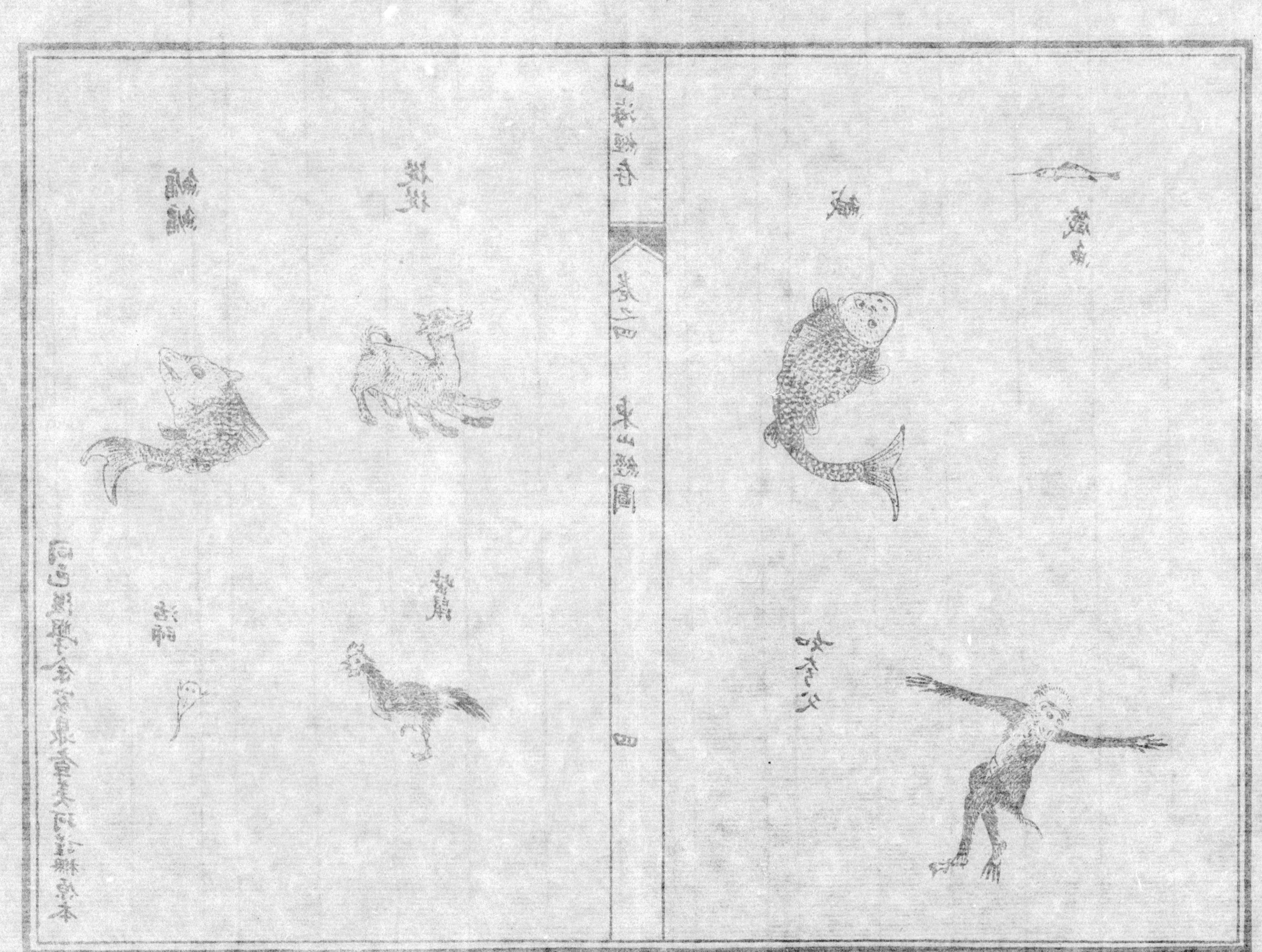

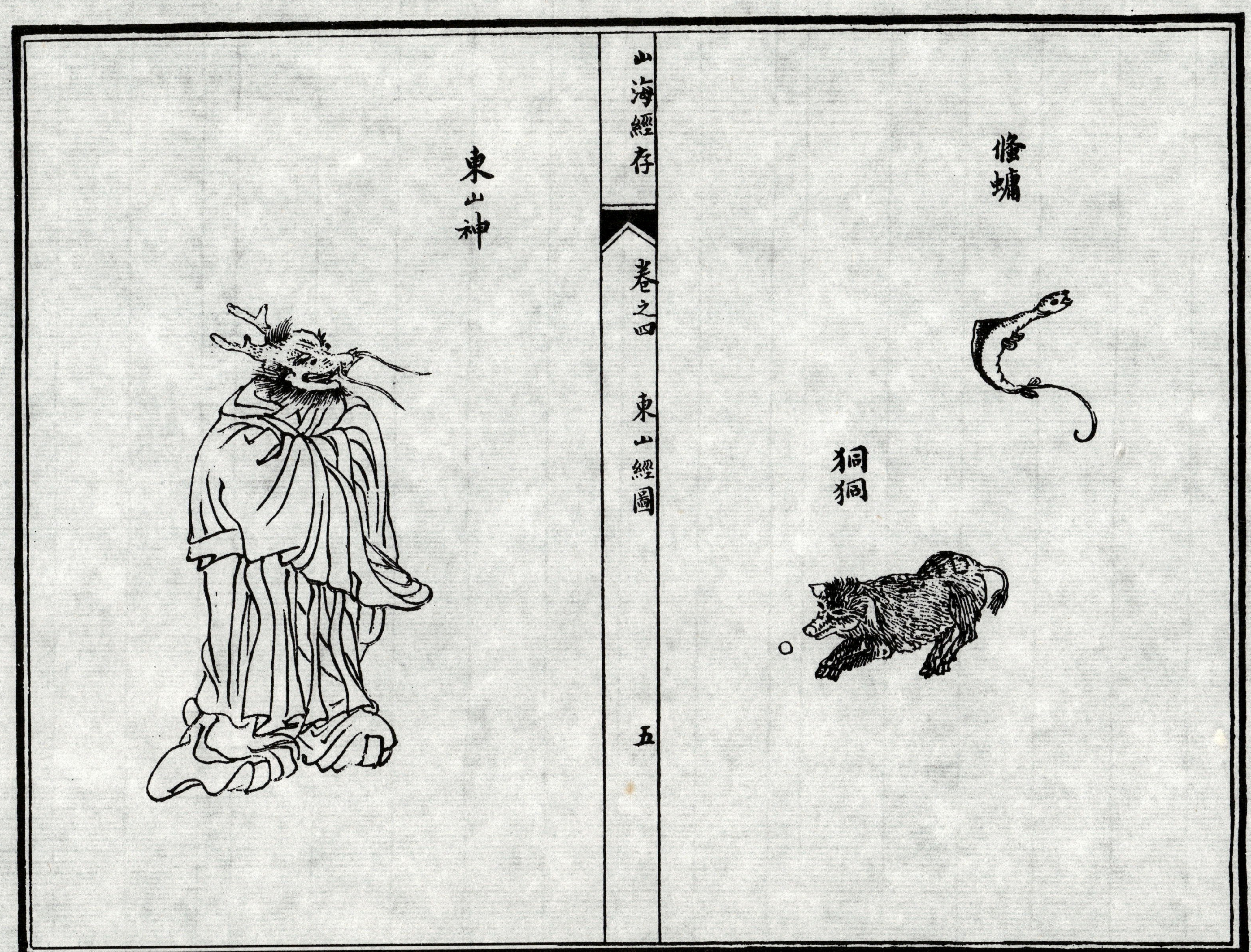
東山神
偹蟰
狪狪

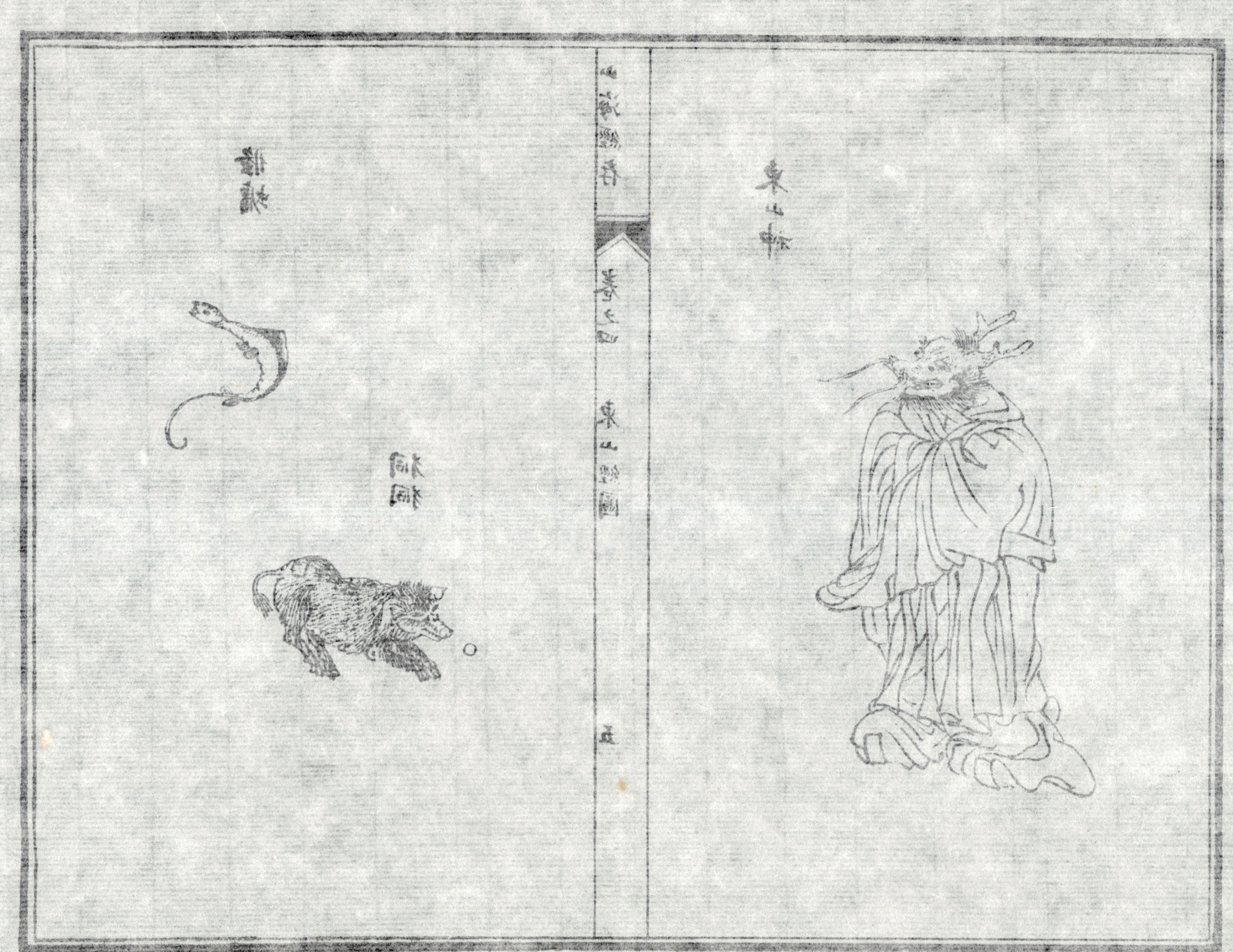
東山神
山海經存
卷之四
東山經圖
五
偹蟰
狪狪

東次二經之首曰空桑之山北臨食水東望沮吳南望沙陵西望湣澤湣音旻此非北山之空桑也前言食水出檄蟲山東北注海此山北臨食水是則此山在檄蟲之東也沮吳猶沮洳斥鹵下溼也湣澤蓋即繩澠之水所注澤也周禮空桑之琴瑟有獸焉其狀如牛而虎文其音如欽其名曰軨軨其鳴自訆見則天下大水欽一作吟宜從之軨音靈

又南六百里曰曹夕之山其下多穀而無水多鳥獸

又西南四百里曰嶧皋之山其上多金玉其下多白堊嶧皋之水出焉東流注於激女之水其中多蜃珧嶧音亦蜃音腎珧音遙或曰此即鄒之嶧山也在鄒縣北蜃珧皆蚌屬其甲可飾器物

又南水行五百里流沙三百里至於葛山之尾無草木多砥礪東無流沙而此云然豈渡少海而行歟

又南三百八十里曰葛山之首無草木澧水出焉東流注於余澤澧音禮此非荆州之澧其中多珠蟞魚其狀如肺而有目六足有珠其味酸甘食之無癘蟞音鼈案此或以為鼈媚則鼈六足而形不似肺或以為鮮魚則鮮似肺而無目或以為鳥鰂似之呂氏春秋曰澧水之魚名曰朱蟞六足有珠魚之美者也

又南三百八十里曰餘莪之山其上多梓柟其下多荆芑雜余之水出焉東流注於黃水有獸焉其狀如菟而鳥喙鴟目蛇尾見人則眠名曰犰狳其鳴自訆見則螽蝗為敗犰音仇狳音余見則眠佯死也螽蝗為敗蟲害禾稼也

又南三百里曰杜父之山無草木多水

又南三百里曰耿山無草木多水碧多大蛇有獸焉其狀如狐而魚翼其名曰朱獳其鳴自訆見則其國有恐獳音儒

又南三百里曰盧其之山無草木多沙石沙水出焉南流注於涔水其中多鵹鶘其狀如鴛鴦而人足其鳴自訆見則其國多土功鵹音犁今鵜鶘之足頗似人足然其狀似雁不似鴛鴦

又南三百八十里曰姑射之山無草木多水

又南水行三百里流沙百里曰北姑射之山無草木多石上下節射字皆音夜莊周所謂藐姑射之山或此三山也

又南三百里曰南姑射之山無草木多水

又南三百里曰碧山無草木多大蛇多碧水玉水晶之青綠色者

又南五百里曰緱氏之山無草木多金玉原水出焉東流注於沙澤緱一作維一作俠

又南三百里曰姑逢之山無草木多金玉有獸焉其狀如狐而有翼其音如鴻鴈其名曰獙獙見則天下大旱獙音斃

又南五百里曰鳧麗之山其上多金玉其下多箴石有獸焉其狀如狐而九尾九首虎爪名曰蠪姪其音如嬰兒是食人蠪音龍姪音蛭

又南五百里曰䃌山南臨䃌水東望湖澤有獸焉其狀如馬而羊目四角牛尾其音如獆狗其名曰峳峳見則其國多狡客䃌音真峳音由狡猾也或曰美好也有鳥焉其狀如鳧而鼠尾善登

木其名曰絜鉤見則其國多疫絜胡結反鳥本木棲鳧則不木棲故以善登木為異也以上之山川皆無可考

凡東次二經之首自空桑之山至於䃌山凡十七山六千六百四十里大約又在樕𧑍之東東循於海其神狀皆獸身人面載觡觡音格觡角之中實者鹿麋之屬是也載戴通其祠毛用一雞祈嬰用一璧瘞

木其名曰[illegible][illegible]見則其國多疫[illegible]

[illegible]

凡東次二經之首自空桑之山至于䃌山凡十七山六千六百四十里[illegible]其神狀皆獸身人面載觡[illegible]其祠毛用一雞祈嬰用一璧瘞

山海經存
卷之四
東次二經圖
九
軨軨
珠鱉魚
犰狳
同邑後學余家鼎查美珂謹橅原本上石

軨軨
珠蟞魚
犰狳

朱獳
鵹胡
獙獙
蠪姪

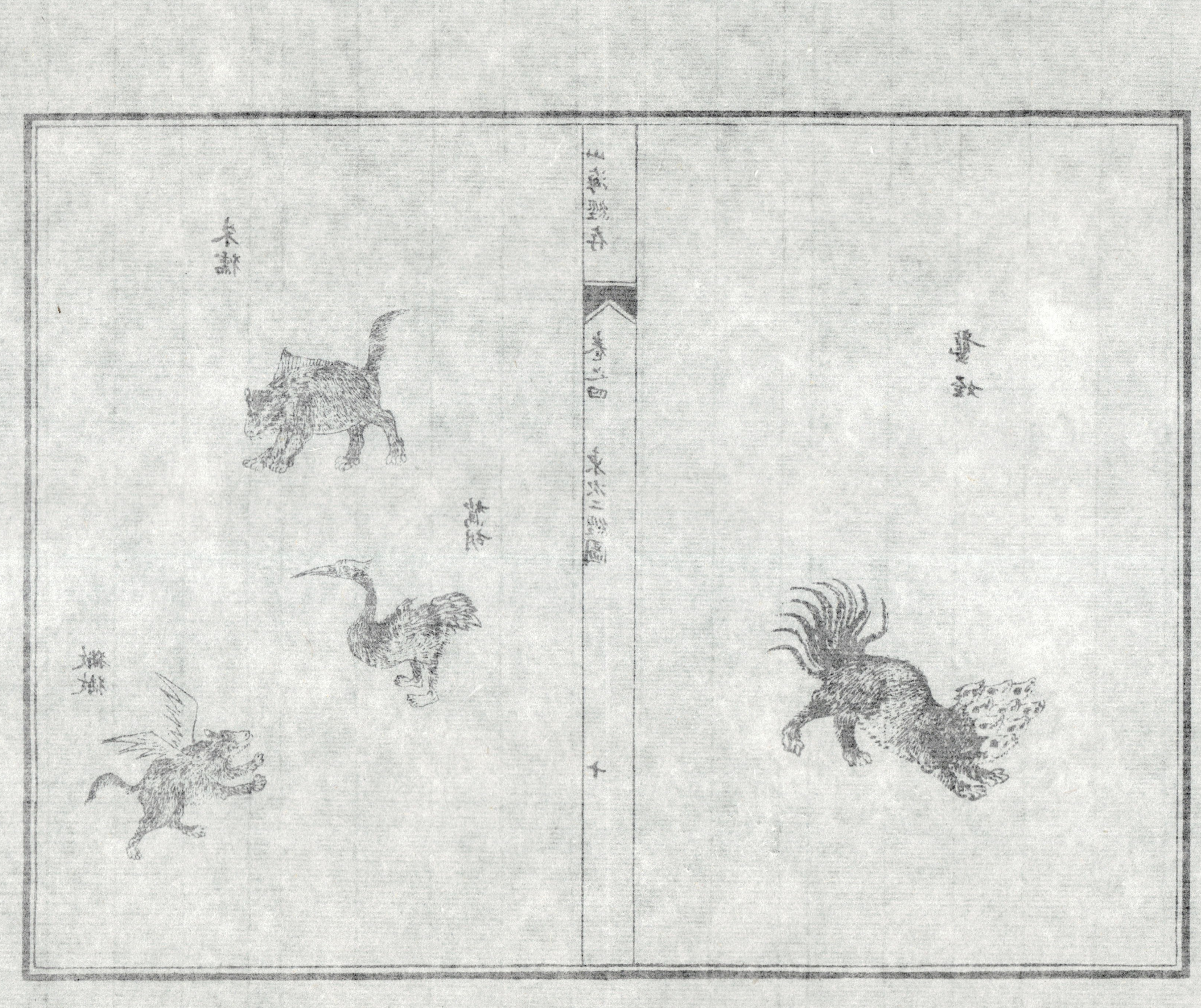
蠪蛭
山海經存　卷之四　東次二經圖　十
朱獳
鵹鶘
獙獙

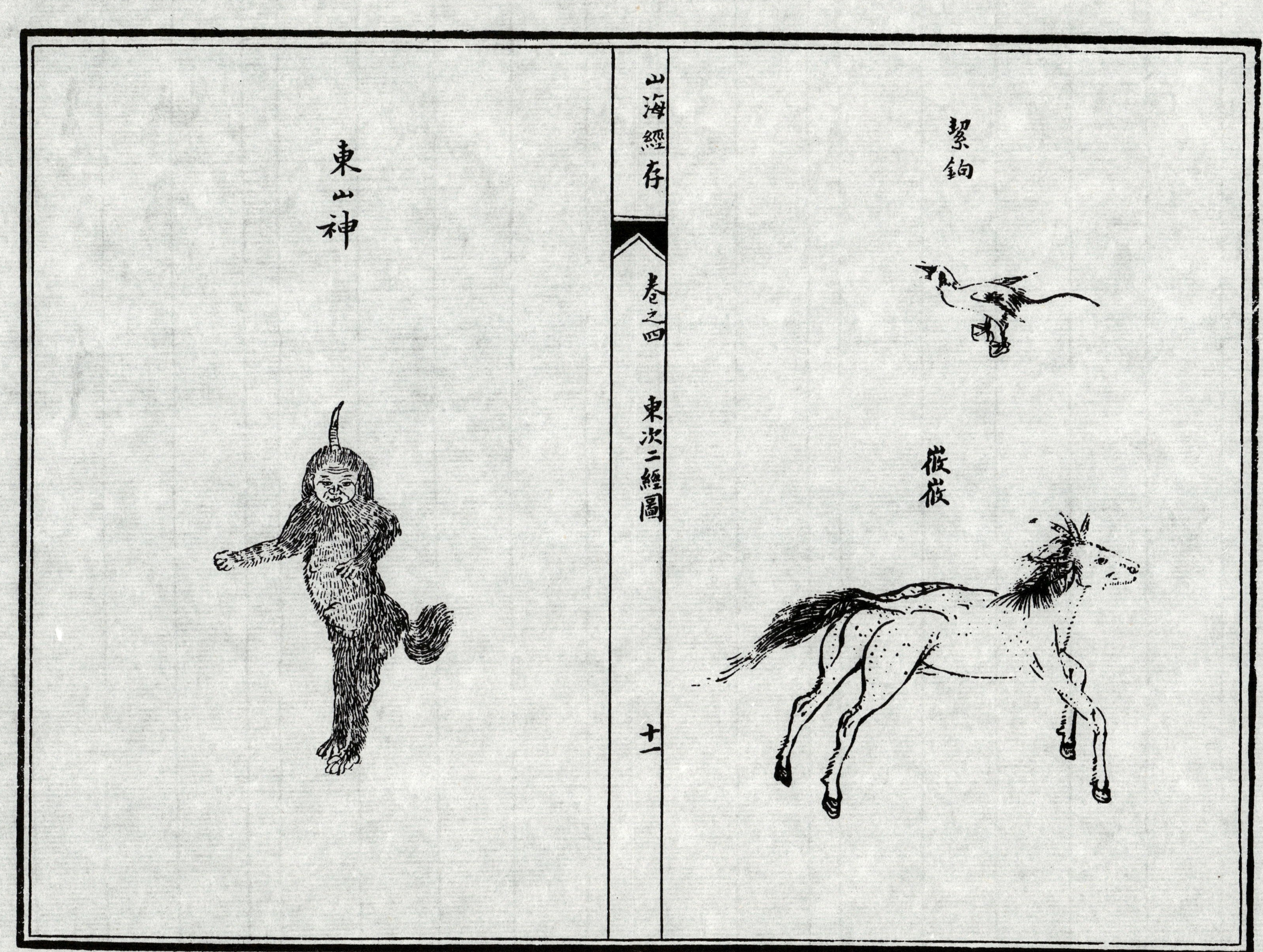
絜鉤
峳峳
東山神

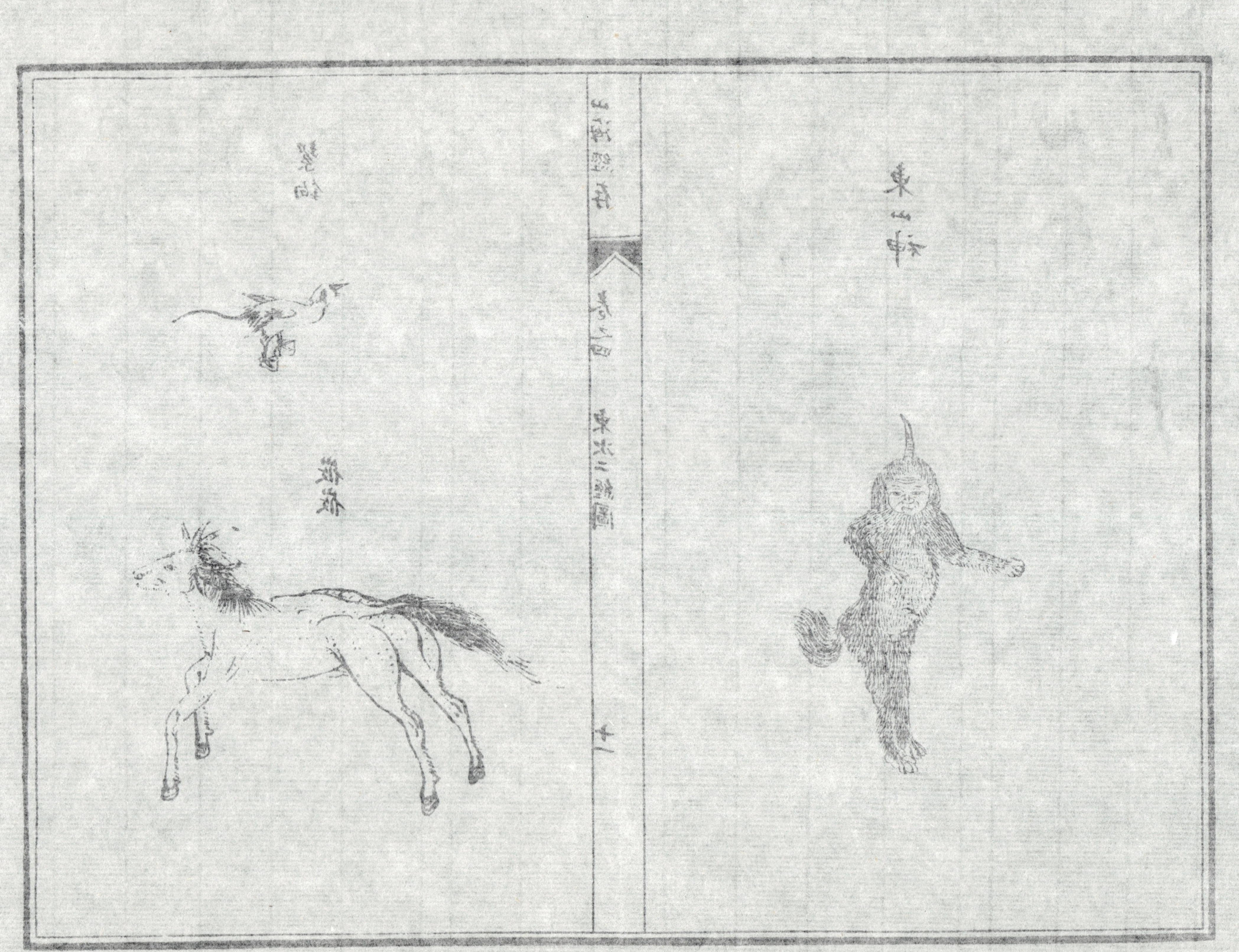

東次三經之首曰尸胡之山北望殍山其上多金玉其下多棘有獸焉其狀如麋而魚目其名曰妴胡其鳴自訆殍音詳妴音婉

又南水行八百里曰岐山其木多桃李其獸多虎東山而水行是蓋在海東也以下之山川無可考記其名物音釋而已

又南水行五百里曰諸鉤之山無草木多沙石是山也廣員百里多寐魚蓋環山皆水也寐魚即鮇魚

又南水行七百里曰中父之山無草木多沙

又東水行千里曰胡射之山無草木多沙石

又南水行七百里曰孟子之山其木多梓桐多桃李其草

多菌蒲其獸多麋鹿是山也廣員百里其上有水出焉名曰碧陽其中多鱣鮪菌音郡菌蕈也海中如綸綬之屬今之紫菜石花牛毛海帶海苔之類皆菌蒲屬也今東海如日本琉球臺灣閩宋諸島中每多麋鹿及海菜桃李又東海度索山之桃亦在海中也不曰碧陽之水出焉而曰其上有水出焉曰碧陽見碧陽之水只在此山中山在海中無他注也鱣黃魚也其夾背有鱗甲一路其身無鱗其首似龍其色黃其骨脆輭可食重者千斤鮪鱘魚也似鱣而長鼻如鐵兜鍪無鱗其骨亦脆輭可食一名鮔鱛

又南水行五百里曰流沙行五百里有山焉曰跂踵之山廣員二百里跂音企無草木有大蛇其上多玉有水焉廣員四十里皆涌其名曰深澤涌音勇涌自下濆湧而上如歷城有趵突之泉汾陰有濆水之泉其深叵測皆此類也此澤只在此山亦環海也其中多蠵龜蠵音攜蠵觜蠵也似龜而大六足其

中薄而有文可以飾器今廣中亦有之或曰雄曰瑇瑁雌曰觜蠵有魚焉其狀如鯉而六足鳥尾名曰鮯鮯之魚其鳴自訆鮯音蛤

又南水行九百里曰晦隅之山晦音畝其上多草木多金玉多赭有獸焉其狀如牛而馬尾名曰精精其鳴自訆晦一作踦

又南水行五百里流沙三百里至於無皋之山南望幼海以環中國者為少海少海外乃為大海也明此皆在幼海東矣又淮南子曰東方大渚曰少海東望榑木榑音扶或作扶桑謂海東有扶桑之木日出所拂者也無草木多風凡東海多風周禮日東景夕多風是也是山也廣員百里

凡東次三經之首自尸胡之山至於無皋之山凡九山六千九百里其神狀皆人身而羊角其祠用一牡羊米用黍是神也見則風雨水為敗

鱣
鮪
山海經存
卷之四　東次三經圖
十四
妴胡
虎
同邑後學余家泉查美珂謹橅原本上石

鮯鮯魚
蠵龜
精精
東山神

東次四經之首曰北號之山臨於北海有木焉其狀如楊赤華其實如棗而無核其味酸甘食之已瘧食水出焉而東北流注於海（此又一食水非檄蠡之食水）有獸焉其狀如狼赤首鼠目其音如豚名曰猲狙是食人（猲音葛狙音苴）有鳥焉其狀如雞而白首鼠足而虎爪名曰鬿雀亦食人（鬿音祈）

又南三百里曰旄山無草木蒼體之水出焉而西流注於展水其中多鱃魚其狀如鯉而大首食者不疣（鱃音秋）

又東三百二十里曰東始之山上多蒼玉有木焉其狀如楊而赤理其汁如血不實其名曰芑可以服馬（舊說以汁塗馬能使馬調良也）泚水出焉而東北流注於海其中多美貝多茈魚其

狀如鮒一首而十身其臭如蘪蕪食之不糟（糟古屁字氣下泄也）

又東南三百里曰女烝之山其上無草木石水出焉而西流注於鬲水其中多薄魚其狀如鱣魚而一目其音如歐見則天下大旱（歐嘔同）

又東南二百里曰欽山多金玉而無石師水出焉而北流注於皋澤其中多鱃魚多文貝有獸焉其狀如豚而有牙其名曰當康其鳴自訆見則天下大穰

又東南二百里曰子桐之山子桐之水出焉而西流注於餘如之澤其中多鰨魚其狀如魚而鳥翼出入有光其音如鴛鴦見則天下大旱

又東北二百里曰剡山多金玉有獸焉其狀如彘而人面黃身而赤尾其名曰合窳其音如嬰兒是獸焉食人亦食蟲蛇見則天下大水窳音庾

又東二百里曰太山上多金玉楨木楨女貞也木似凍青冬夏不彫有獸焉其狀如牛而白首一目而蛇尾其名曰蜚行水則竭行草則死見則天下大疫蜚音翡鉤水出焉而北流注於勞水其中多鱃魚

凡東次四經之首自北號之山至於太山凡八山一千七百二十里皆無可考

右東經之山志凡四十六山萬八千八百六十里

山海經存卷之四終

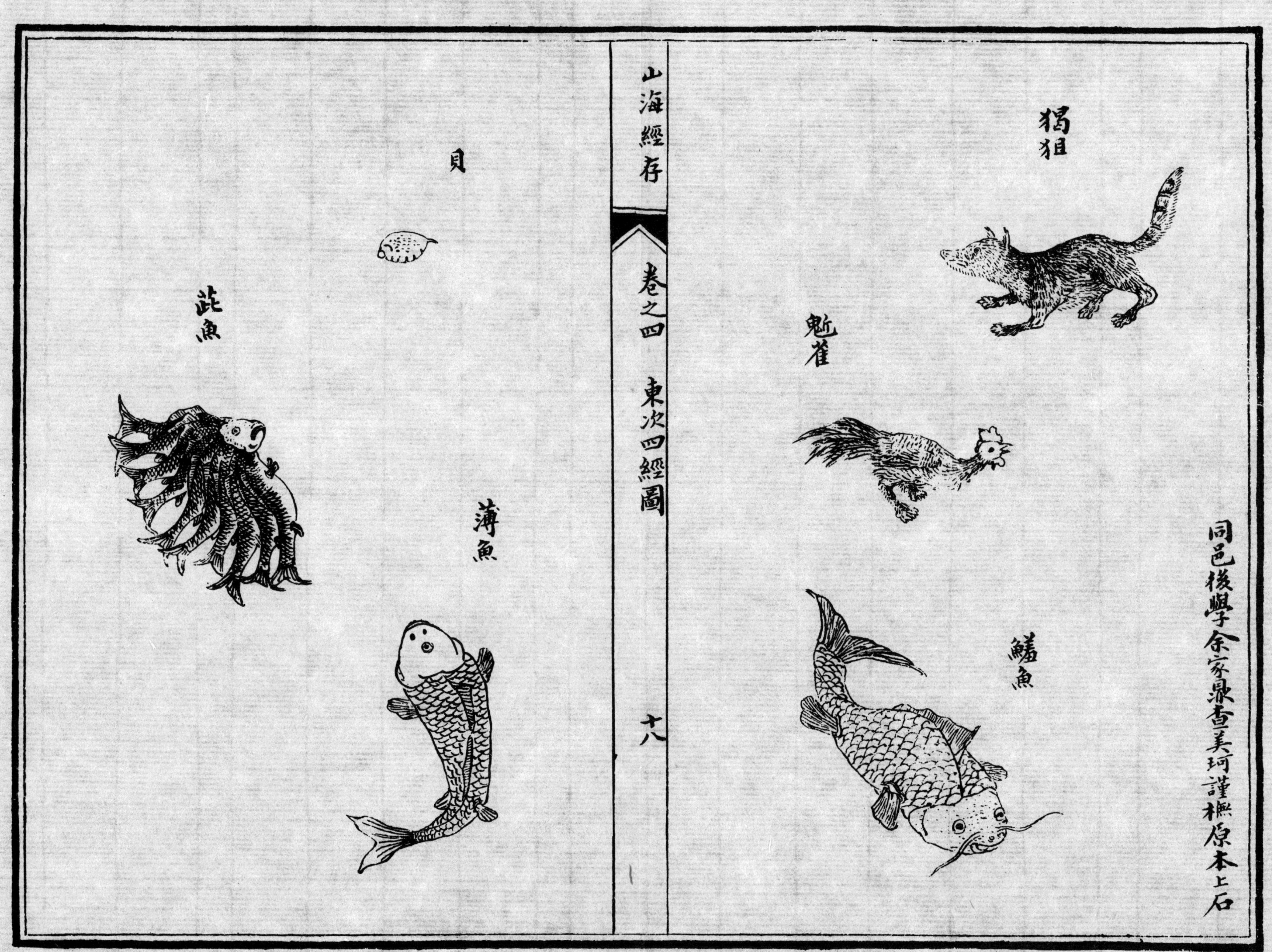
山海經存
卷之四 東次四經圖
十八
猲狚
鬿雀
鱃魚
同邑後學余家泉查美珂謹橅原本上石
貝
茈魚
薄魚

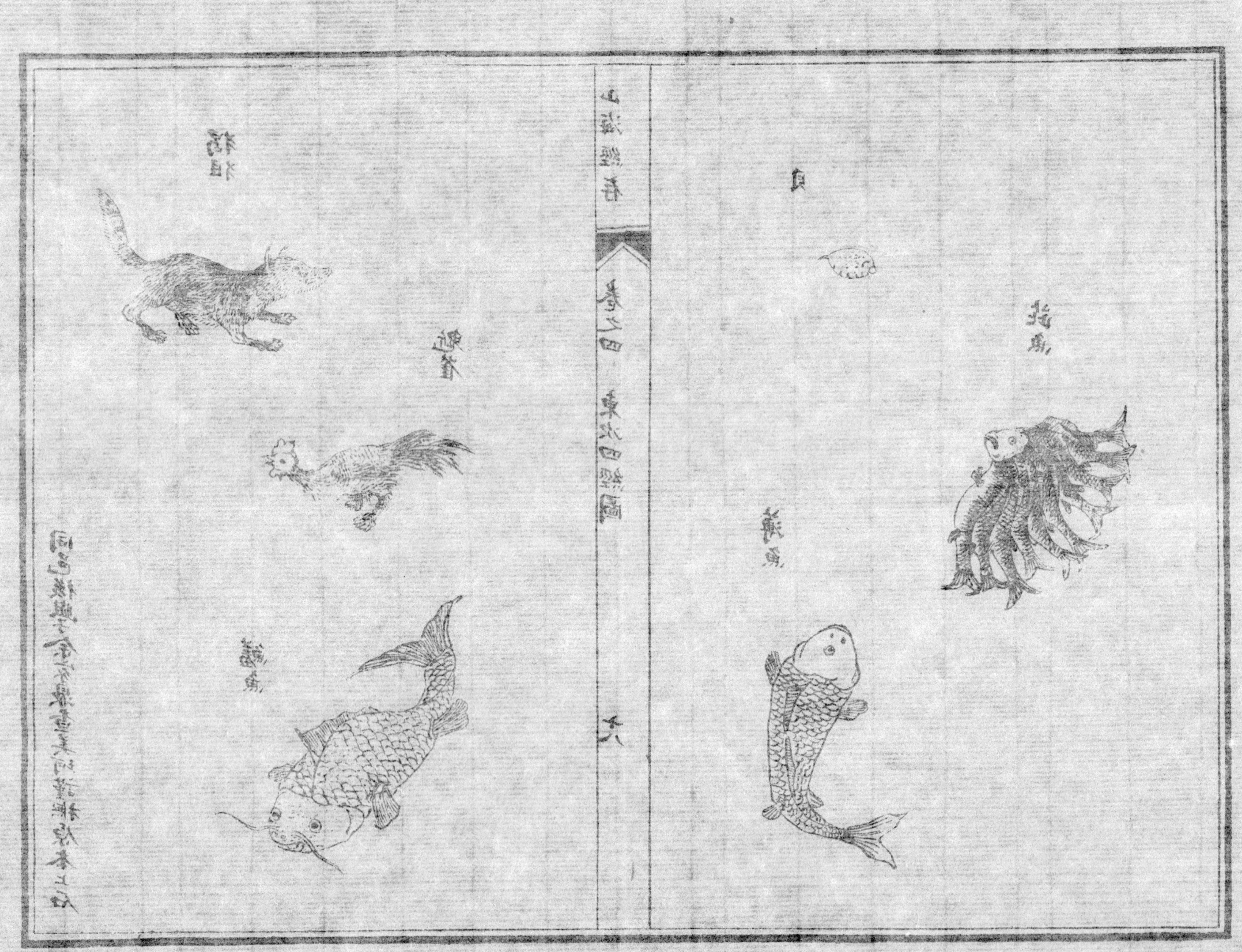
猲狙
鬿雀
鱃魚
茈魚
薄魚

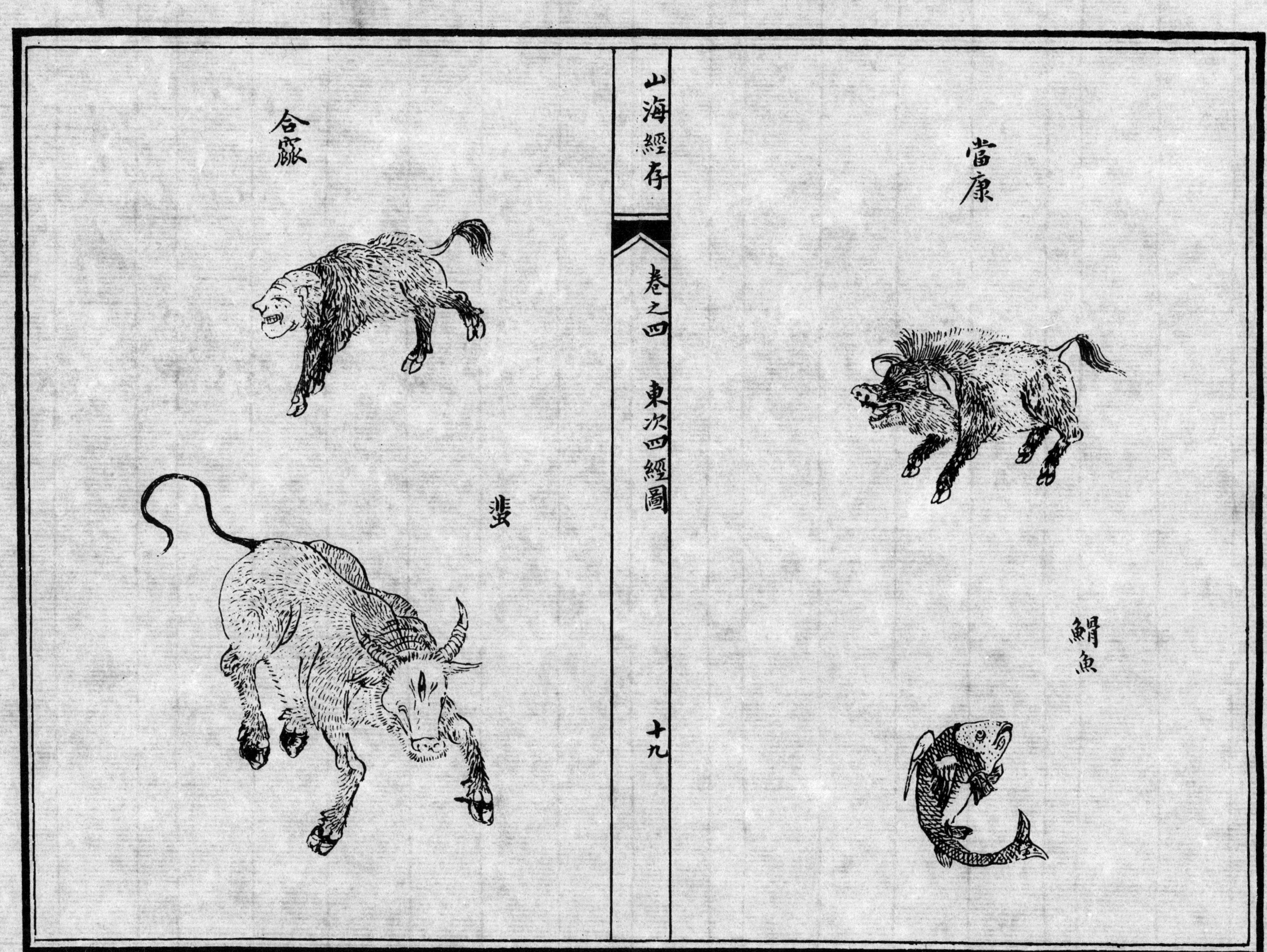
當康
䱻魚
合窳
蜚

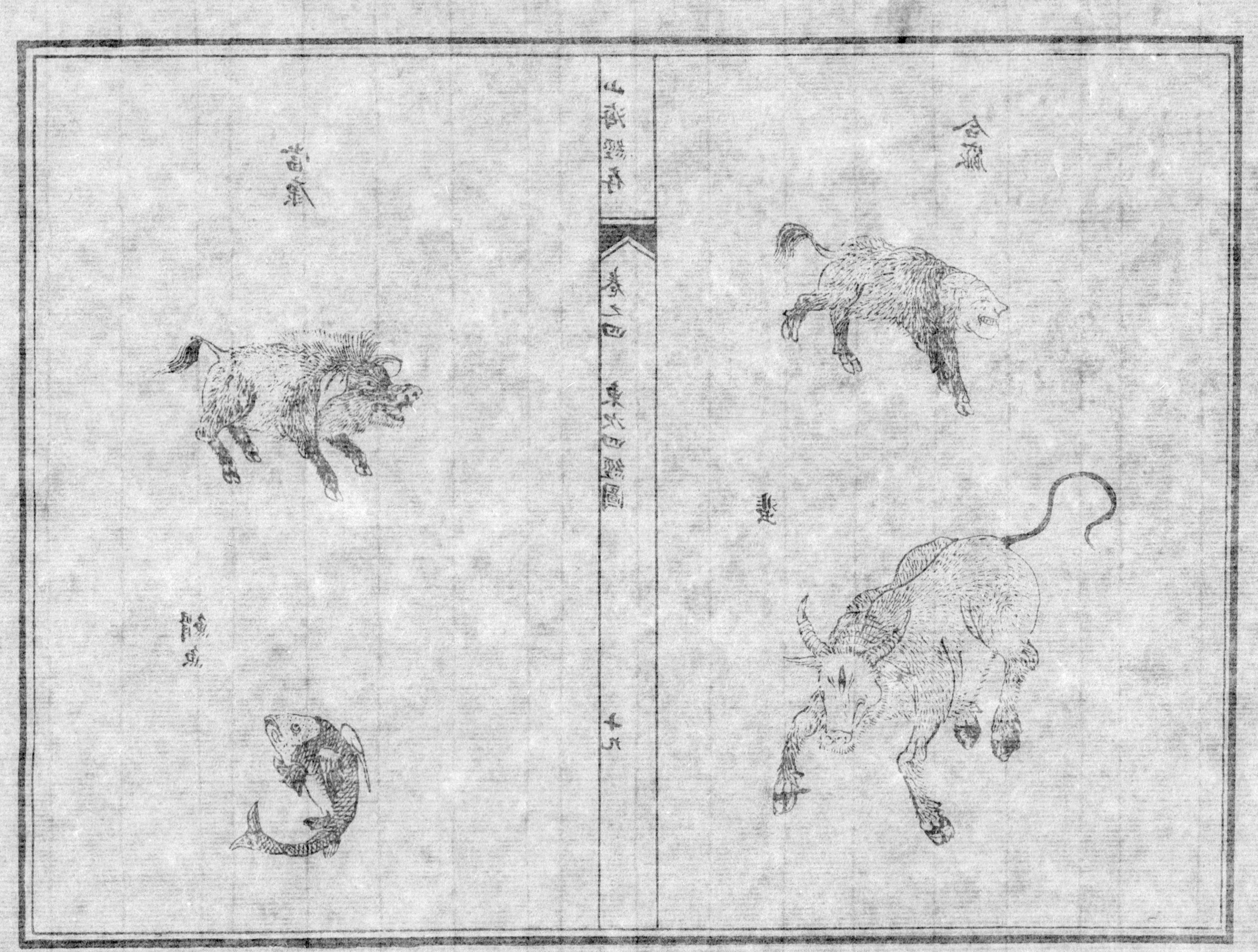

山海經存
卷之四　東次四經圖
十五
合窳
蜚
當康
鱃魚

山海經存卷之五

烏程盧蓀辰子純
同邑程夢元廷圓
同邑彭景鏐[illegible]子
同邑余家[illegible]伯

中山經第五

中山經薄山之首曰甘棗之山薄山非一山以歷兒山為主餘相連者皆薄山而甘棗其西首也又案薄與亳通而殷有三亳東亳今之亳州隸江南西亳即河南偃師縣南亳轘轅也而此中山之經大約多自洛汭間始則此薄山之首殆主偃師言也共水出焉而西流注於河其上多杻木其下有草焉葵本而杏葉黃華而莢實名曰籜可以已瞢杏或作楛籜音托瞢音盲案此蓋決明之屬但決明葉不似杏楛有獸焉其狀如鼣鼠而文題其名曰難食之已瘻鼣音厌難音耐或作熊鼣鼠鼠類色紫紺淺毛其皮可裘文題其額上有文也難與熊通說者云鯀化黃熊入於羽淵熊三足鼈也與此互異

又東二十里曰歷兒之山其上多橿多櫔木是木也方莖而圓葉黃華而毛其實如楝服之不忘櫔音歷楝音煉楝木似槐子如指頭色白而粘可搗以浣衣服之益腎此服之不忘謂令人健記蓋亦楝類也或作簡非

又東十五里曰渠豬之山其上多竹渠豬之水出焉而南流注於河此經當在河南而此曰南流注河恐訛誤其中是多豪魚狀如鮪赤喙尾赤羽可以已白癬

又東三十五里曰蔥聾之山其中多大谷是多白堊黑青

黄堊

又東十五里曰㴄山（㴄音阿）其上多赤銅其陰多鐵

又東七十里曰脫扈之山有草焉其狀如葵葉而赤華莢實實如椶莢名曰植楮可以已癙食之不眯（癙憂病也眯目病也）

又東二十里曰金星之山多天嬰其狀如龍骨可以已痤（痤在何反天嬰未詳何物痤皮上魄磊病也）

又東七十里曰泰威之山其中有谷曰梟谷其中多鐵（有字下或無谷字）

又東十五里曰橿谷之山其中多赤銅（橿或作檀）

又東百二十里曰吳林之山其中多葌草（葌與菅同或曰當與蕑同即蘭也）

又北三十里曰牛首之山（晉人伐鄭師於牛首牛首鄭地也當在鄭州滎陽之境或以長安西南之牛首山當之非也）有草焉名曰鬼草其葉如葵而赤莖其秀如禾服之不憂（其秀如禾蓋吐穗也）勞水出焉而西流注於潏水是多飛魚其狀如鮒魚食之已痔衕（飛魚蓋鮒之一種耳言飛而不言有翼其魚好超躍水面如飛也今鯽魚亦能治痔止泄鯽即鮒魚別名）

又北四十里曰霍山（名霍山者非一山西之岳陽江南之霍山閩中之羅江河南之鞏縣皆有霍山此鞏之霍山也蓋此由薄山而東而漸南又折而西北耳爾雅云大山繞小山為霍）其木多穀有獸焉其狀如貍而白尾有鬛名曰朏朏養之可以已憂（朏音非言畜之使人解憂也）

又北五十二里曰合谷之山是多薝棘薝音淡未詳或曰薝薝蔔今之梔子也

又北三十五里曰陰山一作險山多礪石文石少水出焉其中多雕棠其葉如榆葉而方其實如赤菽食之已聾

又東北四百里曰鼓鐙之山多赤銅有草焉名曰榮草其葉如柳其本如雞卵食之已風

凡薄山之首自甘棗之山至於鼓鐙之山凡十五山六千六百七十里歷兒冢也此中山大略不越周鄭之境凡所總括道里多不相符合而此為尤甚其祠禮毛太牢之具縣以吉玉此爾雅祭山曰縣祠歷兒禮也其餘十三山者毛用一羊縣嬰用桑封瘞而不糈祠餘山禮也除歷兒當十四山

桑封者桑主也方其下而銳其上而中穿之加金此復言桑封之制也方下以安宅銳上以象山中穿空之象山以虛受澤之意加金飾以金也以桑木為之案此則封當作卦卦亦音圭其圭形如圭故曰桑卦耳又凡祠山皆言其神狀此不言者惟以主依神故無異狀也

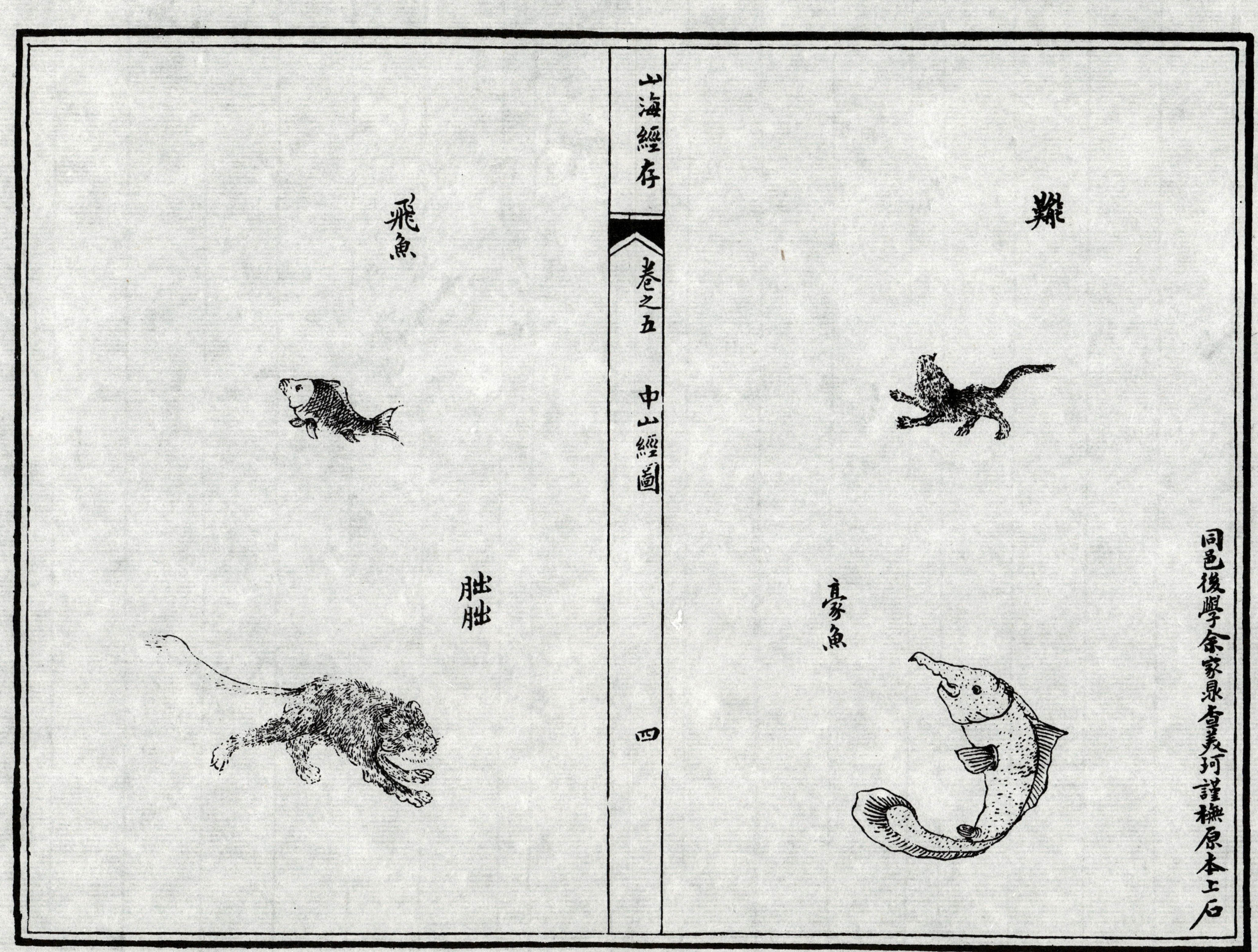
山海經存
卷之五　中山經圖
四
飛魚
朏朏
豪魚
同邑後學余家鼎查美珂謹橅原本上石

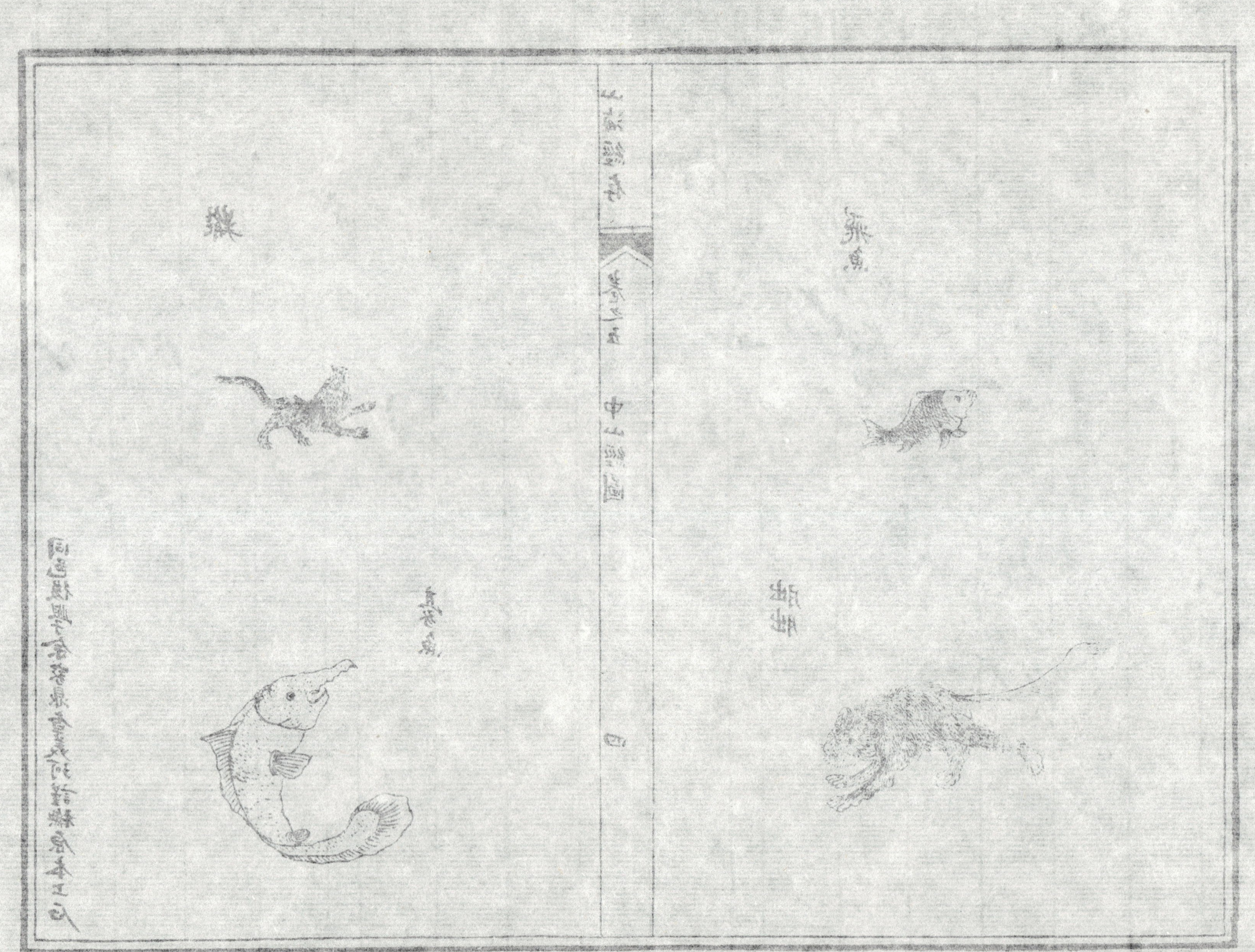

中次二經濟山之首曰煇諸之山濟山非一山其山之首別名煇諸山也大約在伊洛之東河泲之會其上多桑其獸多閭麋其鳥多鶡鶡似雉而大色黃而有黑有毛冠性勇健鬬死乃止出上黨此濟山有之蓋泲洛間道通上黨相去亦不遠也

又西南二百里曰發視之山其上多金玉其下多砥礪即魚之水出焉而西流注於伊水

又西三百里曰豪山其上多金玉而無草木

又西三百里曰鮮山多金玉無草木鮮水出焉而北流注於伊水其中多鳴蛇其狀如蛇而四翼其音如磬見則其邑大旱

又西三百里曰陽山多石無草木陽水出焉而北流注於

伊水其中多化蛇其狀如人面而豺身鳥翼而蛇行其音如叱呼見則其邑大水

又西二百里曰昆吾之山其上多赤銅尸子所謂昆吾之釼也古人鑄兵器多用銅有獸焉其狀如彘而有角其音如號名曰蠪蚳食之不眯號平聲蚳音池

又西百二十里曰葌山葌水出焉而北流注於伊水其上多金玉其下多青雄黃有木焉其狀如棠而赤葉名曰芒草可以毒魚芒音亡此即鼠莔也蔓生而畧似木形葉畧似棠棃之類而葉下有赤文其莖根亦有赤色大毒能殺人亦可制以治風痰之疾中其毒者甘草菉豆童便皆可解之

又西一百五十里曰獨蘇之山無草木而多水

又西二百里曰蔓渠之山其上多金玉其下多竹箭伊水出焉而東流注於洛地志云伊水出弘農盧氏之熊耳山郭璞曰熊耳在上洛縣南東北流至洛陽入洛地志非是案上洛今屬商州上洛盧氏皆有熊耳山而伊水實出上洛也但古今皆言伊出熊耳而此言蔓渠是山川隨時有異名斯所以難盡考也有獸焉其名曰馬腹其狀如人面虎身其音如嬰兒是食人此即俗所稱馬虎也其面略似人面其毛長足高如馬實虎類也腹虎音近而名耳

凡濟山經之首自輝諸之山至於蔓渠之山凡九山一千六百七十里此皆沂伊而上以西南至於伊水之源其神皆人面而鳥身祠用毛用一吉玉投而不糈

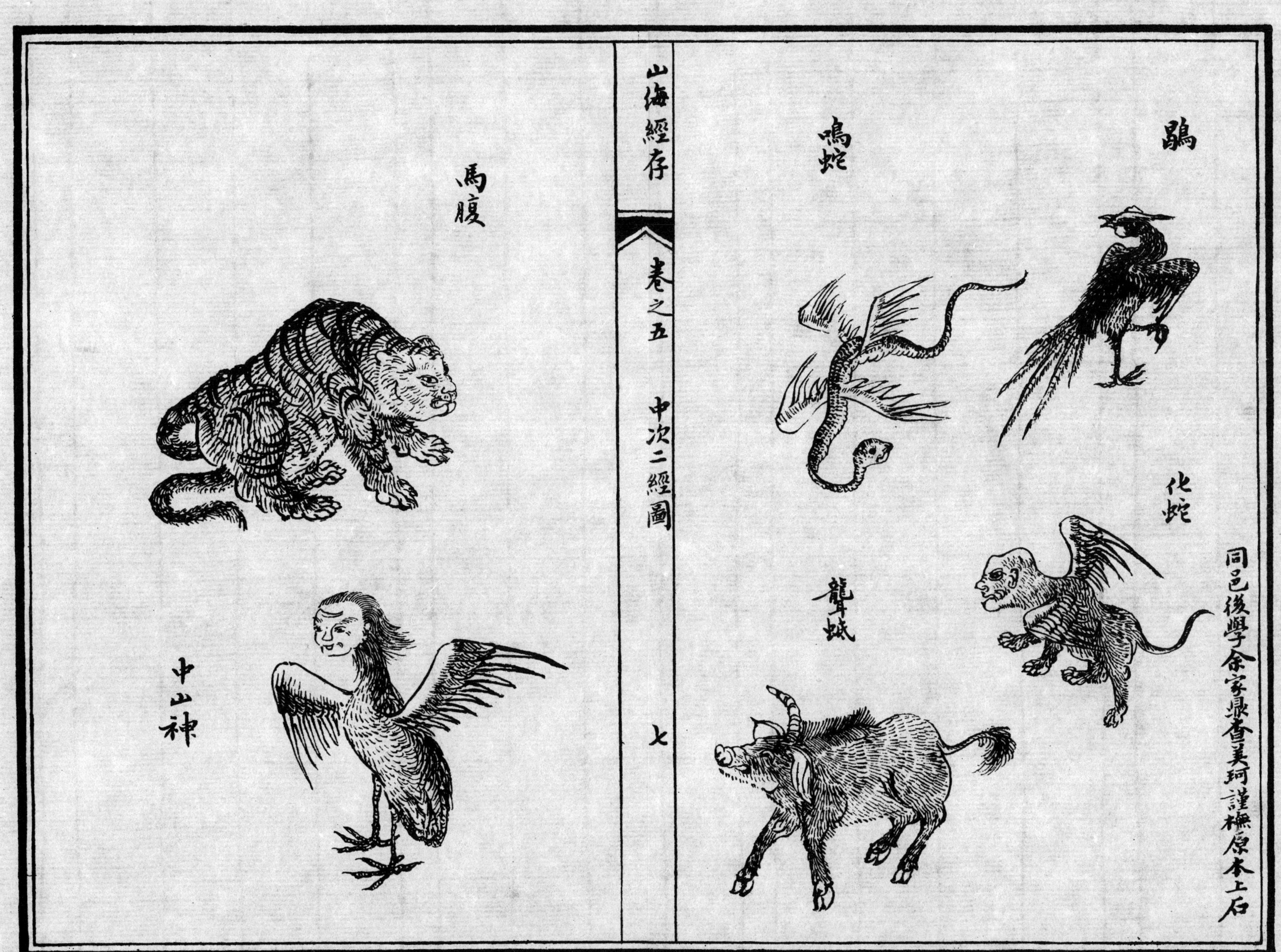
山海經存
卷之五　中次二經圖
七
鶡
鳴蛇
化蛇
蠪蚳
同邑後學余家鼎查美珂謹橅原本上石
馬腹
中山神

山海經存
卷八
中次二經圖
馬腹
鳴蛇
化蛇
蠪蚳

中次三經萯山之首曰敖岸之山其陽多㻬琈之玉其陰多赭黃金神熏池居之是常出美玉北望河林其狀如蒨如舉萯音貝又音培敖一作獻美玉之玉一作石蒨音倩敖岸即敖倉也在河陰縣萯山非一山此其首也熏池之神未言其狀河林敖之北麓濱河者也蒨蒼蔥之貌舉謂其林氣之飛舉也有獸焉其狀如白鹿而四角名曰夫諸見則其邑大水

又東十里曰青要之山實維帝之密都未詳北望河曲是多駕鳥駕當作鴐音加鴐鵞鴻類也南望墠渚禹父之所化是多僕纍蒲盧墠音善墠渚洲也左傳言鯀化黃熊入於羽淵而又云在此世之隨處而附會以為古蹟者類似此也郭氏曰僕纍蝸牛也爾雅曰蒲盧螺蠃也謂細腰蠭也沈存中曰蒲盧蒲葦也䰠武羅司之其狀人面而豹文小腰而白齒而穿耳以鐻其鳴如鳴玉䰠音神齒一作首鐻音璩䰠武羅神名鐻金環也是山也宜女子言居此山者多好女也畛水出焉而北流注於河其中有鳥焉名曰鴢其狀如鳧青身而朱目赤尾食之宜子鴢音窈鴢頭亦鳧類有草焉其狀如葌而方莖黃華赤實其本如藁本名曰荀草服之美人色此亦蘭蕙之類也藁本似芎藭而香不足其莖似香蕎美人色令人色美也

又東十里曰騩山其上有美棗其陰有㻬琈之玉騩音規正回之水出焉而北流注於河其中多飛魚其狀如豚而赤文服之不畏雷可以禦兵此又飛魚之一種如今江豚之類耳

又東四十里曰宜蘇之山其上多金玉其下多蔓居之木未詳滽滽之水出焉而北流注於河是多黃貝

又東二十里曰和山其上無草木而多瑤碧實維河之九都是山也五曲九水出焉合而北流注於河其中多蒼玉吉神泰逢司之其狀如人而虎尾是好居於萯山之陽出入有光泰逢神動天地氣也虎尾一作雀尾泰逢神司此山而又曰好居萯山之陽蓋此五山皆萯山屬也出入有光動天地氣猶所謂昭明焄蒿者此殆次睢之社之類而其俗敬信如或見之如此呂氏春秋云孔甲田於萯山之下大風晦冥孔甲迷惑入於民室史亦云孔甲田萯山為雷所震死

凡萯山之首自敖岸之山至於和山凡五山四百四十里自敖沿河以東之山也其祠泰逢薰池武羅皆一牡羊副疈同音劈周禮以疈辜祭百物言分磔牲體以祭也嬰用吉玉此祭敖岸青要和三山也其二神用一雄雞瘞之糈用稌祭䰠及宜蘇也不言神狀

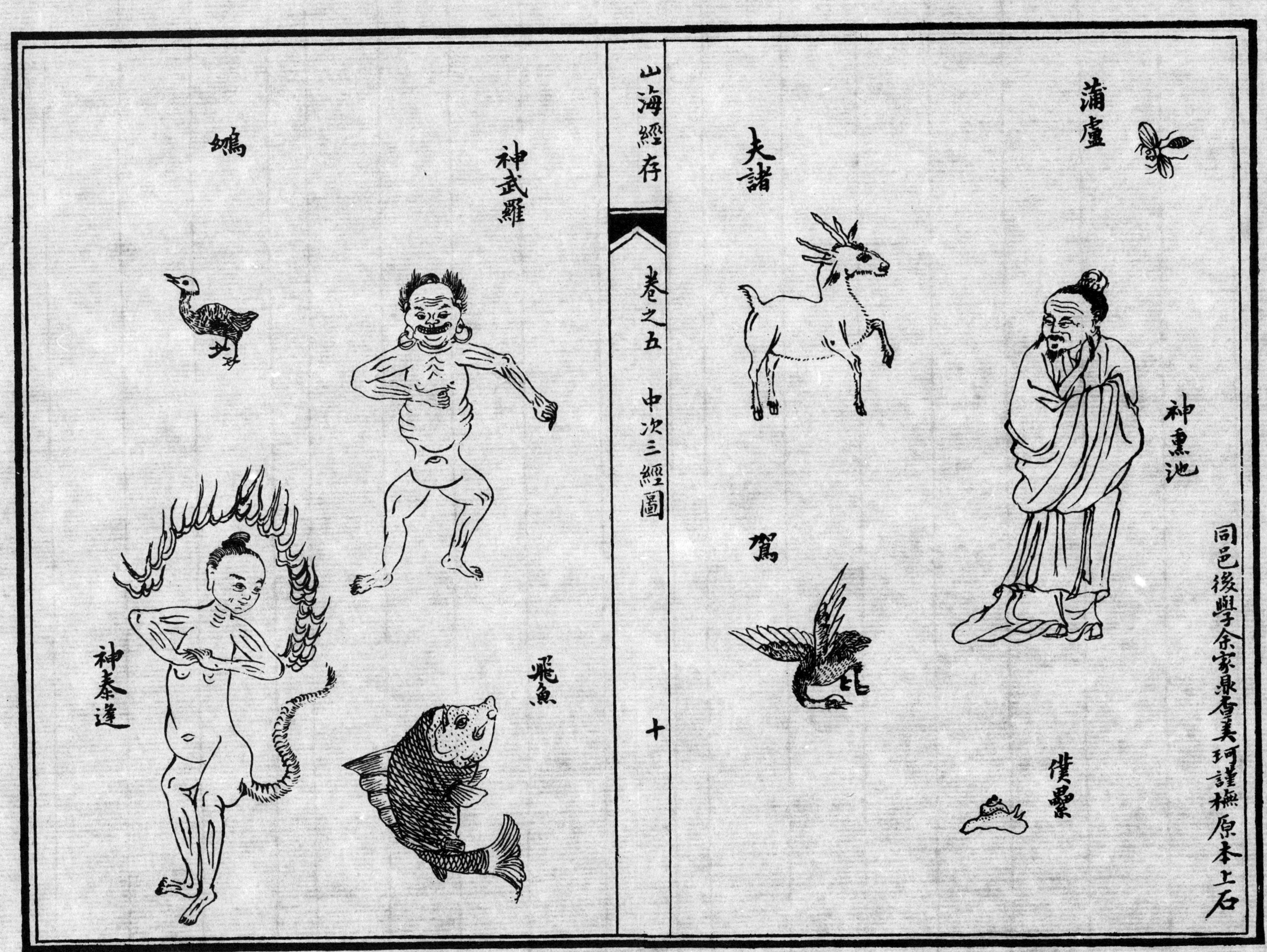
山海經存
卷之五 中次三經圖
十
蒲盧
夫諸
神熏池
鴐
僕纍
同邑後學余家泉香美珂謹橅原本上石
神武羅
鴢
神泰逢
飛魚

中次四經釐山之首曰鹿蹄之山釐不一山鹿蹄其首此伊北洛南間山大抵宜都伊闕間也其上多玉其下多金甘水出焉而北流注於洛其中多汵石汵或作涂汵石寒水石也

西五十里曰扶豬之山其上多礝石礝音輭礝石珉也有獸焉其狀如貉而人目其名曰麐貉古作貈麐音銀或作麋虢水出焉而北流注於洛其中多瓀石案西虢在洛之北去此不遠或初因此水名邑

又西一百二十里曰釐山此釐山經之主其陽多玉其陰多蒐蒐音搜蒐一名茹藘倩草也莖弱中空有筋葉如杏葉而糙每四葉對節而生其根可以染赤有獸焉其狀如牛蒼身其音如嬰兒是食人其名曰犀渠滽滽之水出焉而南流注於伊水此又一滽水有獸焉名曰獺其狀如獳犬

而有鱗其毛如彘鬣獺胡結反獳犬之多毛者此獸其體有鱗而毛出鱗間如彘鬣也

又西二百里曰箕尾之山多穀多涂石其上多㻬琈之玉

又西二百五十里曰柄山其上多玉其下多銅滔雕之水出焉而北流注於洛其中多羬羊有木焉其狀如樗其葉如桐而莢實其名曰茇可以毒魚茇一作艾此巴豆之屬

又西二百里曰白邊之山其上多金玉其下多青雄黃

又西二百里曰熊耳之山此上洛之熊耳也今在商州西五十里其上多漆其下多椶浮濠之水出焉而西流注於洛此洛之別源也故或者猶以為洛出熊耳其中多水玉多人魚有草焉其狀如蘇而赤華名曰葶薴可以毒魚葶音庭薴音甯此草赤花成穗好生荒岸

又西二百里曰牡山其上多文石其下多竹箭竹䉋其獸多㸲牛羬羊鳥多赤鷩（今商州猶然）

又西三百五十里曰讙舉之山洛水出焉而東北流注於元扈之水其中多馬腸之物此二山者洛間也（讙音歡讙舉山一名冢嶺山易氏曰洛水出上洛縣西冢嶺山東流七十里至上洛東北流九十里至洛南在熊耳山之西又四百六十里至盧氏之熊耳其道里與此畧合元扈洛汭間河之別名也河圖云元扈洛汭是也洛至河南鞏縣之西入河馬腸即馬腹也又云此二山者洛間言牡山讙舉夾洛水間也）

凡釐山之首自鹿蹄之山至於讙舉之山凡九山千六百七十里（此在洛南伊北泝洛而上以窮洛水之源）其神狀皆人面獸身其祠之毛用一白雞祈而不糈以彩衣之

犀渠
中山神
山海經存
卷之五　中次四經圖
十三
麐
獅
同邑後學余家泉查美珂謹橅原本上石

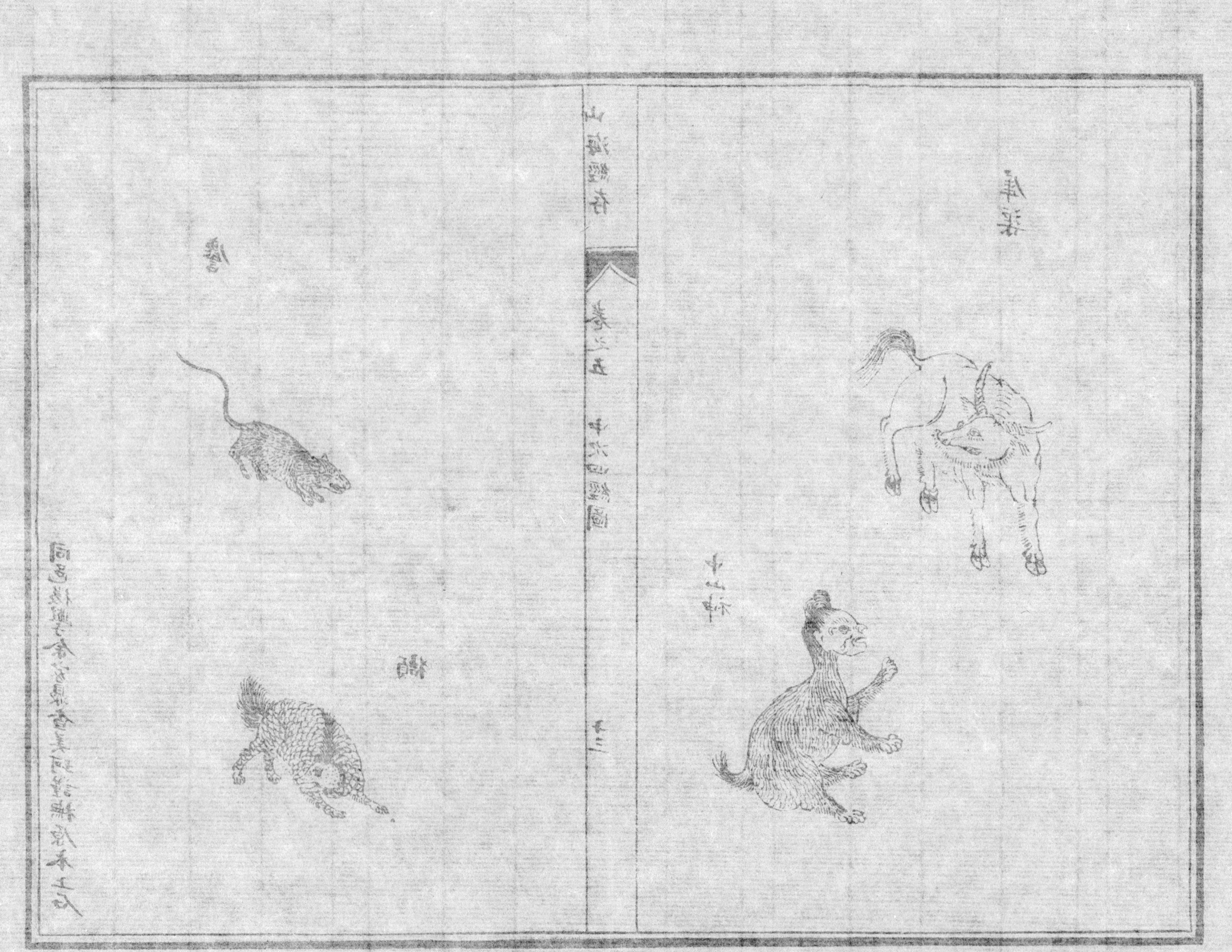
山海經存　卷之五　中次四經圖

中次五經薄山之首曰苟牀之山無草木多怪石 此經大略在洛北河南然則薄山又非甘棗之薄也或謂此在河北耿都亦名亳然則下首山朝歌似近之而尸山以下水皆南流注洛又不可通矣凡此宜姑闕之苟牀或作苟林

東三百里曰首山其陰多穀柞 柞櫟也 草多茉芫 茉山薊也有蒼朮白朮二種其葉抱莖而生芫芫華也其花善逐水皆入藥用茉字今單作朮 其陽多㻬琈之玉木多槐其陰有谷曰机谷多䲃鳥其狀如梟而三目有耳其音如錄食之已墊 䲃音地墊都念反錄刻木聲墊下溼病

又東三百里曰縣劚之山無草木多文石 縣音元劚音斲又音祝

又東三百里曰蔥聾之山無草木多摩石 未詳

東北五百里曰條谷之山其木多槐桐其草多芍藥虋冬 虋音門虋冬一名滿冬有二種一曰麥虋冬其葉如韭而黑勁大者葉如山蘭其根下結丸尖長輕脆而肉白一種曰天虋冬蔓生細葉如松蘿根下亦結丸似麥冬而大皆入肺藥

又北十里曰超山其陰多蒼玉其陽有井冬有水而夏竭 凡井泉多夏出冬竭此獨冬出夏竭故以為異

又東五百里曰成侯之山其上多櫄木 櫄音春櫄木似樗而材中車轅可為楝其嫩苗香可食 其草多芃 芃蒲也或作艽音交秦艽也

又東五百里曰朝歌之山谷多美堊 此非紂都之朝歌也或曰上薄山即耿亳苟牀所謂郇瑕首山即首陽在河之曲者條谷即中條山則此朝歌即紂都朝歌然此以東焉得復有入洛之水或曰下槐山又承薄山而踰河東南言之

又東五百里曰槐山谷多金錫

又東十里曰歷山其木多槐其陽多玉

又東十里曰尸山多蒼玉其獸多麖（麖麢類似鹿而小其色黑長髮又大鹿亦曰麖）尸水出焉而南流注於洛水其中多美玉

又東十里曰良餘之山其上多穀柞無石餘水出於其陰而北流注於河乳水出於其陽而東南流注於洛

又東南十里曰蠱尾之山多礪石赤銅龍餘之水出焉而東南流注於洛

又東北二十里曰升山其木多穀柞棘其草多藷藇蕙多寇脫（寇脫草其莖似荷莖中白瓤今人脫出之以染采作花勝其入藥曰通草能利水通乳又名通脫木）黃酸之水出焉而北流注於河其中多璇玉（璇音旋璇石次玉）

又東十二里曰陽虛之山多金臨於元扈之水（河圖曰蒼頡南巡狩登陽虛之山臨於元扈洛汭靈龜負書丹甲青文以授之出此水云）

凡薄山之首自苟牀之山至於陽虛之山凡十六山二千九百八十二里（此條多無考）升山冢也（以升山為尊）其祠禮太牢嬰用吉玉首山䰠也其祠用稌黑犧太牢之具糱釀（釀糱為醴）干儛（用武舞）置鼓（建鼓也）嬰用一璧尸（特祠升之禮也）尸水合天也肥牲祀之用一黑犬於上用一雌雞於下刉一牝羊獻血（刉刲也）嬰用吉玉彩之（加繒彩之飾也）饗之

䳋鳥

麖

同邑後學余家鼎查美珂謹橅原本上石